# 「無策大道」を往く

熊本県人・小山令之の日本

小山 紘
OYAMA Hiroshi

論創社

# 「無策大道」を往く　目次

# 序章

――どうなるものか、この天地の大きな動きが。もう人間の個々の振舞いなどは、秋風の中の一片の木の葉でしかない。なるようになってしまえ。武蔵はそう思った…彼も一個の屍かのように横たわったまま、そう観念していたのである。

小説家、吉川英治の作品『宮本武蔵』（地の巻）は、こんな書き出しで始まる。私は、この一節を読むと、「剣の道」という人生の指標を置きながら、悩み、苦しみ、猛り泣いた武蔵の生涯を見事に描き出した作家の力量に圧倒されるが、同時に生きている我々の多くが、苦闘の生涯を終え、死を目の前にすると「なるようになってしまえ……一個の屍のように横たわったまま、そう観念する」のではないか、そんな気がしてくる。本書の主役となった小山令之《おやまよしゆき》もまた例外ではないだろう。

令之は、私の母方の祖父である。私が小山姓を名乗っているのは、令之の長女である母が、令之の実姉の子と従兄妹同士の結婚をし、小山家から分家したためである。本籍地も令之と同じ住所だ。令之は私の誕生前に死去しており、私にとっては写真などでしか知らない「記録の祖父」である。

令之は、日中戦争が始まった翌年の昭和十三年十月に満州国（今の中国東北部）で、五十七年間の生涯を終えた。初孫として生まれた私の姉には、しばしば奉天の病院から漫画入りのユーモアたっぷりの葉書や手紙を熊本に寄こしているが、最後の方の便りを見ると、やせこけた自分の容姿を漫画チックに描きあげ、やや乱れた字で「ナンデン悲しくなり、ナンデン腹立つ」と熊本弁で書いている。思うように病状が回復しない苛立ちが募ったせいかもしれないが、私は、この手紙を寄せた令之の心情を思いやると、故郷を遠く離れた奉天の病室で天井を見ながら、どんな思いで自分の辿った道を振り返っていたのだろうか、と考えてしまう。ひょっとしたら、満州国づくりに情熱を燃やしながらも、泥沼の日中戦争に突入していく日本の姿に「こんな筈ではなかったはずだが……」と自問自答し、漠然とした不安がよぎっていたかもしれない。「ナンデン悲しくなり、ナンデン腹立つ」の本音はどこにあるのだろうか。

令之の生きざまに興味を抱いて、本書『無策大道を往く——熊本県人小山令之の日本』の執筆を思い立った。動機には色々あるが、その一つに米国の第十六代大統領、アブラハム・リンカーン（一八〇九―一八六五）の人物記を記した『阿伯拉罕倫古龍（アブラハム・リンコルン）』（松村介石著、警醒社書店発行）との出会いがある。

本を手にして驚いた。表紙に掲載されていたリンカーンの写真が、我が家の応接間に飾られていたリンカーンの肖像画（油絵）とそっくりだったからだ。

中学生の頃だっただろうか、応接間に架けてあったリンカーンの肖像画が一部破れたままになっているのを見て、母に「どうして、こんな絵を架けているのか」と聞いたことがある。母の返事は「お父さんが大切にしていた絵」だった。相次ぐ引っ越しのためだろうか、いつの間にか無くなってしまったが、アルバムを見ると、令之は、この絵を昭和二年四月に熊本市で開業した弁護士事務所に飾っている。

令之がリンカーンに惹かれたのは、小学生時代だっただろうか。当時、文部省は、尋常小学校や高等小学校で使う第一期修身教科書（明治三七年度から四三年度まで）にリンカーンを教材として採用していた。丸太小屋の貧乏な家「陋屋」に育ちながら「勉学」に励み、「正直」「誠実」な人柄を敬愛され、米国で最も偉大な大統領になったリンカーンは、徳の人であり、二宮尊徳のアメリカ版として「修身」のお手本になった。

令之の生まれ育った地方は、熊本市南西部に位置する飽託郡奥古閑村（現在は熊本市南区奥古閑町）である。有明海に近く、当時は、たびたび洪水や高潮、潮害に見舞われる干拓・農村地帯で、

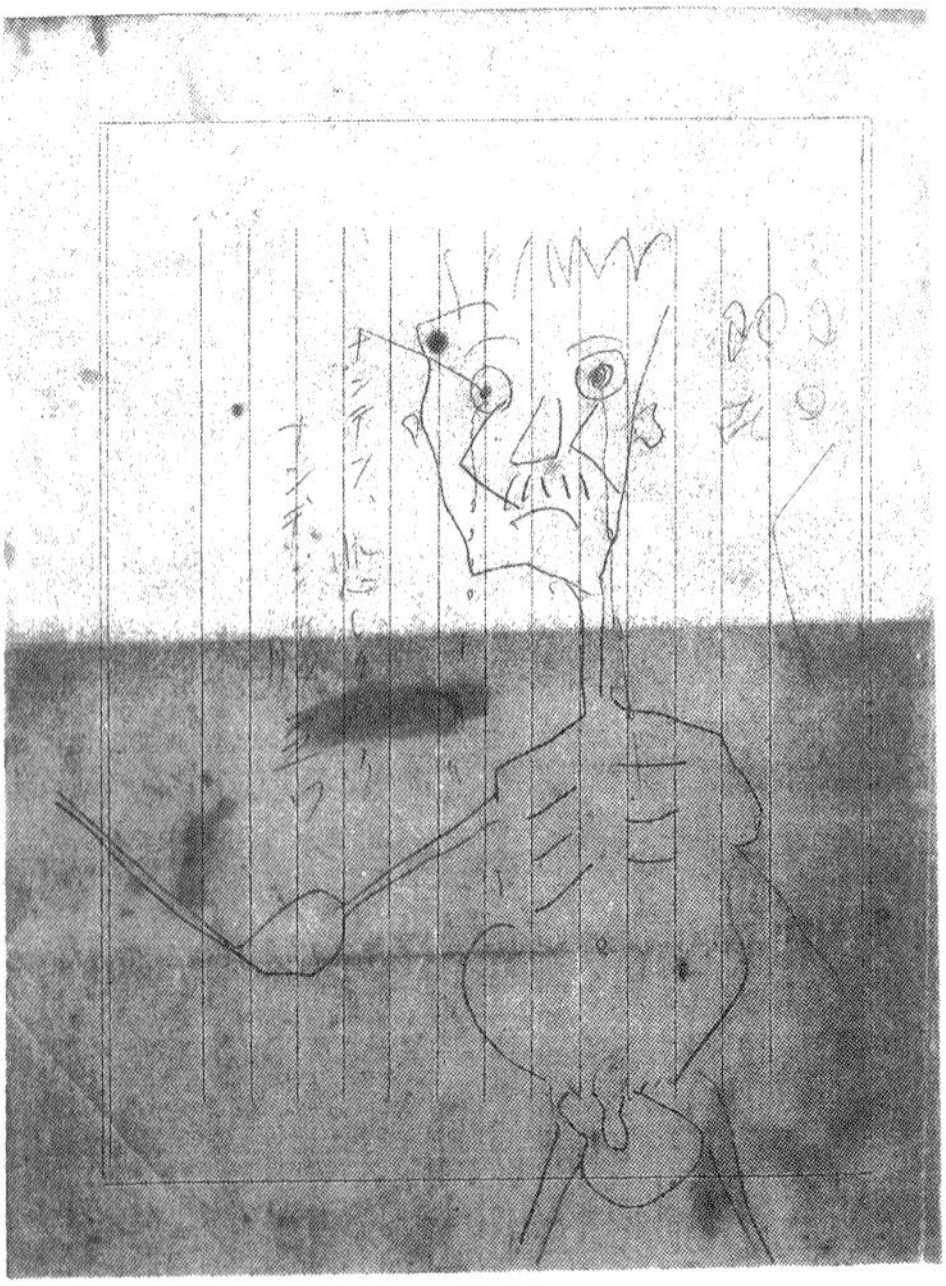

「ナンデン悲しくなりナンデン腹立つ」と初孫に心境を伝えた自画像（山崎隆氏提供）

貧しい家庭の子供も多かった。そんな厳しい生活環境下で育った令之にとっては「陋屋」に育ち、不自由な生活を強いられても、向学心を燃やし、弁護士、政治家となったリンカーンの立志伝は、少年の夢を膨らませたかもしれない。

リンカーンが登場する教科書についても触れておこう。リンカーンは、第二期教科書時代（明治四三年度から大正六年度）に教材から姿を消すが、このことは当時の明治政府が日露戦争後に起きた幸徳秋水事件を契機に国家主義路線へ大きく舵を切り、反動的な教育政策を進めた結果である。

教育学者の唐沢富太郎は「家族国家倫理に基づき、忠君愛国を強調し、国民をひたすら政府の意図する臣民にまで育てようとした時代にあっては、「人身の自由」を説く如き近代的精神の所有者であるリンカーンは歓迎されなかった」（『教科書の歴史』昭和三一年、創文社刊）と指摘してい

リンカーンの肖像画と令之（熊本市の法律事務所応接室）

る。まさにその通り。当時の国語教科書は、冒頭に日の丸の旗が掲げられ、国家主義、軍国主義的な色彩が濃厚であった。

リンカーンが再登場したのは「大正デモクラシー時代」に入ってからである。第一次世界大戦が終わり、西欧文化への関心が高まっていた大正五年に東京帝国大学教授、吉野作造が『中央公論』の一月号に「憲法の本義を説いて其有終の美を済《な》すの途を論ず」というタイトルで「民本主義」の論文を発表したことがきっかけだ。

この影響で文部省の教科書策定方針も、国際社会を視野に置いた「平和・協調重視」路線に変わった。当時の第三期、第四期国定修身教科書（大正七年度─昭和一五年度）や第三期国定国語教科書（大正七年度─昭和七年度）には、リンカーンが、避雷針を作ったあのフランクリンに次いで、勉強に熱心な正直、誠実、公明な人柄、そして南北戦争中に奴隷解放をした徳のあるアメリカ人として教材に使われている。

当時の文部省教科用図書調査委員、八波則吉（のちに五高教授）は、国語教科書に「アメリカ便り」「ナイヤガラの滝」など海外の話も盛り込んだ。そして教師向けの手引書に「世界を相手に――このことは現代人の標語でなければならない」と書いている。

とはいえ、日本が、天皇を君主とする「大日本帝国主義国家」であることにはいささかも変わりはない。当時の教科書は、確かに第二期時代に比べると、デモクラチックな近代性を覗かせてはいるが、相変わらず、ナショナリズムがうたわれている。ましてやリンカーンの功績として、一八六三年一一月に国立戦没者墓地の開会式で「人民の人民による人民のための政治を地上から決して絶滅させてはいけない」と訴えた「ゲティスバーグ演説」に触れられることはなかった。

リンカーンは、太平洋戦争が始まった昭和十六年度の教科書から再び姿を消す。教科書はいつの時代も、当時の政治状況や社会状況を映しだす鏡のような存在である。

話題がリンカーンから教科書問題に脱線してしまって恐縮だが、令之の略歴に簡単に触れると、熊本県中学濟々黌、第五高等学校、東京帝国大学法科大学を卒業後、徴兵令により兵役二年四カ月を終え、熊本県立熊本中学校の舎監兼教師を務めた。しかし、教育者の道に飽き足らなかったのか「皇室翼戴・国権拡張」を掲げ、明治政府に大きな影響力を発揮していた国権党（通称熊本国権党）に入党、弁護士を開業するや、本格的に政治活動をはじめ、熊本県会議員を務めたあと、昭和五年二月の衆議院総選挙で熊本一区から立憲民政党候補として出馬し、トップ当選を果たした。

そしてわずか二年で国会議員への道を閉ざされる。立憲民政党（熊本支部）の党内工作から、令之がかつて選挙事務長を務めていた安達謙蔵（元逓信大臣、内務大臣）が、昭和七年二月の総選挙で令之の選挙地盤（熊本一区）から立候補することになったからである。

令之が次に選んだのは、政界から勇退し、満州国開拓者の道を歩むことだった。総選挙が終わり、安達謙蔵が目指した新党「国民同盟」の結党準備を見届けると、令之は「期せずして」との言葉を周辺に残して、関東軍が軍事占領し、建国宣言をした満州国に渡り、満州国関東州弁護士会会長、財団法人熊本海外協会満州本部長、満州国顧問弁護士を務めた。井戸塀政治家の言葉を象徴するように、熊本に多額な借財を残していた。

令之の生涯を振り返ると、中学時代に濟々黌関係者が関わった「閔王妃殺害事件」を身近に知り、五高・東京帝大時代には、日露戦争の開戦を煽った七博士の中心人物、戸水寛人教授に感化されている。弁護士となってからは、学生時代から大きな関心を寄せていた裁判員制度の源流「陪審制度（昭和三年施行）」の模擬裁判に力を入れるなど、啓蒙・普及にもつとめた。

政党人としては、熊本国権党の政治綱領や「アジアとの連帯」に共鳴し、熊本国権党が改組、発展した立憲同志会、憲政党、立憲民政党の熊本支部を拠点にライバル政党である政友会との政治抗争の渦中に飛び込んで「普通選挙の実現」に情熱を燃やした。

時代は、激動期だった。昭和四年十月にニューヨークで始まった世界恐慌の波が日本に波及し日本経済は低迷、農村は疲弊した。財閥とつながる政党の腐敗により、国民の政党政治に対する不信は募り、社会のいら立ちは高まった。軍人や右翼のテロも続発、令之が国会議員に当選してから九カ月後の昭和五年十一月には立憲民政党の総裁、浜口雄幸首相が銃撃され（翌年八月死去）、昭和七年五月には「五・一五事件（犬養毅首相射殺）」が発生した。日本は、このテロ事件をきっかけに立憲民政党、政友会の二大政党時代が終焉し、軍部主導のファッシズム国家へ突き進んでいく。

関東軍による満州侵略によって、満州国の建国宣言がされたのは、昭和七年三月である。令之が国会の議員バッジを外して間もないころである。

令之が政治家の道を断念し、日本軍の傀儡国家である満州国に雄飛の夢を託したのは、日本における政党政治への失望や挫折感から、軍部主導の政治にある種の期待を抱いたためだろうか。

令之は渡満直後に民間人の立場から第六師団の「熱河平定作戦」に協力した。この「熱河平定作戦」を突破口に戦線が拡大し、泥沼の日中戦争、太平洋戦争、広島・長崎原爆投下、そして敗戦に至る不幸な歴史を歩くことになる。

日本は戦後、民主主義国家となり、世界に向かって日本国憲法の核心に「不戦の誓い」を据え、戦争放棄を約束した。ノーベル文学賞を受賞した大江健三郎氏が平成六年十二月にストックホルムで「不戦の誓いを憲法から除けば、日本が侵略したアジアの人たちや広島、長崎の犠牲者を裏切ることになる」と講演したことを覚えている人も多いだろう。あれから二十九年、ロシアとウクライナさらにはイスラム組織ハマスとイスラエルの戦争に象徴されるように、今も世界に戦火は消えず、人類は、核の脅威にさらされている。日本も改憲し、軍備拡張が加速されるだろうか。

令之が辿った航跡を辿ると、「軍国日本という船」に乗って、あるときは乗客として、あるときは船員や操舵手の役割を果たしながら、大日本帝国の破局という港へ向かって突き進んでいったようにも思える。令之に問いかけたくもなる。「あなたは、どうしてリンカーンの肖像画を大切にしていたのですか」「教育者の道をやめ、何故、弁護士や政治家になったのですか」「暴走する軍部に協力していますよね。政党生活を清算して満州へ渡った本音を聞きたい」


本著の狙いは、保守的な政治風土の熊本に生まれ、日本が戦争の泥沼に突入していく時代に「満州国」(中国東北部)で生涯を終えた肥後モッコスの人物一代記を綴ることにある。

書名の「無策大道を往く」は『龍南人物展望』(九州新聞社出版部、昭和十二年十二月発行)の人物評の見出しからとった。そこには「友情に厚い世話好きの性格と無策大道を往くと言った、太ッ肝の気性とが尊敬の的となって、各方面の信頼を博し、在満同胞間に根強い勢力を有している」と書かれていた。身内の立場に立てば、有難くも思えるが、日本が傀儡国家「満州国」を建国した時代状況を考えると、この人物評も時代が生み出したセリフのようにも聞こえてくる。

補足として、令之の長男・小山岑雄（みねお、故人）が残した手記「我が中国の青春（一兵士の記録より）」（一部）を掲載した。岑雄は、濟々黌、五高、東京帝大法学部と令之と同じコースを進み、令之の夢を追いかけるように、中国に渡り、日中合弁会社華北鉄道株式会社に入社した。総裁室に勤務中に現地召集を受け、薦められた士官試験を受けないまま、討伐隊の上等兵として戦線の最前線で戦闘を繰り広げた。戦後、熊本に復員し、熊本県副知事、熊本県立美術館初代館長を務めているが「自分の心の中にひそむ非人道的なものに心が痛む」と書き遺している。ヒューマニズムとは何かを問いかけた一文でもある。併せてご一読いただければ幸いである。

なお本書に登場する人物名は原則として敬称を略させていただいた。

# 第一章　倉山小山家のルーツ

## 旧家の二十二代目に生まれて

熊本市中心部から南西に約八キロ、車で三十分ほど走ると、田園地帯が広がり、その一角に熊本市立天明中学校（熊本市奥古閑町）が見えてきた。体育館の正面の壁に「誠実　友愛　創造」と大きな字で「校訓」が書かれていた。

広々とした運動場を横目に職員室を訪ねていくと、楪木敏之校長と谷川博文教頭（当時、現在は八郷正一教頭）のお二人が姿を見せられ「校内を探していましたら、中庭に小山家の屋敷跡を示す碑がありました」と言われ、早速、案内された。そこには樹木の間に隠れるように、高さ四十センチほどの黒御影の記念碑が立っており、正面に「倉山　小山本家の屋敷跡」と記されていた。

天明中学校のホームページによると、熊本市では、二〇二〇年度に策定した熊本市教育振興基本計画の基本理念に基づく、魅力ある「小中一貫教育」の推進を掲げ、天明地区で天明中学校と天明地区の小学校（四校）の統合化計画を進めている、という。

椺木校長は「予定通りならば四年後には天明中学校の現校舎の改廃や移転が行われることになります。この碑をどうするか、検討することになると思いますが、現在地から変わることになっても碑は残したい」と話された。

碑に「倉山　小山本家」と記されているのは、地域一帯に小山の姓が多いことから、蔵がいくつもある惣庄屋を務めていた「小山本家」を「倉山の小山本家」と呼ぶようになったからだろう。

かつては屋敷の周りに水路（溝）があり、大きな蔵が建っていたといわれるが、今は、その面影はない。しかし、中学校の敷地から東方を眺めると、田園のはるか彼方に、熊本が世界に誇る阿蘇山の山脈が連なり、朝日を浴びて、キラキラ輝いて見えた。令之が、屋敷の庭から見た風景は今も昔も変わらないだろう。

令之は、明治十四年四月十四日（戸籍は五月十一日生）、父虎八、母照の二男として、天明中学校の敷地になっている、この場所で生まれた。当時、虎八は、飽田郡の奥古閑、海路口、銭塘村、内田村の戸長（今の村長）だった。明治二十一年四月に市町村制が制定され、飽田郡が託麻郡と合併して飽託郡となると、戸長制度の廃止に伴って、虎八は選挙によって、奥古閑・海路口の組合村長（明治二二年五月から明治二九年までの七年間）を務めていた。

小山家の家記によると、令之は、長男の早逝によって家督を継ぎ、初代安右衛門から数えて二十二代目にあたる。その根拠となっているのは、十七代目を名乗っている小山三郎右衛門が寛政四年二月に書き残した「先祖附」に基づく。

「従公儀被仰付年齢其外御用方控え帳　卯三月吉日　小山三郎右衛門　私先祖延慶年中の頃小山安右衛門と申す者の末孫に御座候　代々奥古閑村御百姓相続仕り　当年迄年数四百余年に相成り申す由に御座候　私親代迄庄屋役四代相続仕り候由に御座候」

寛政四年といえば、西暦で一七九二年、時代は徳川将軍家斉の頃であるが、この先祖附けは、小山家が当時、奥古閑村に定着し、庄屋役を務めていたことを示している。

令之もまた「小山家家記」に「一代安右衛門　延慶年中の人　年月不分明二九日卒　藏山大先祖　霊元晋明居士　海蔵寺境内中央にあり　後世の建設なり」と書き残している。

十七代目の三郎右衛門は、寛政十二（一八〇〇）年正月二十二日に死去した。宝暦二（一七五二）年から同六（一七五六）年までの五カ年、庄屋を務め、天明三年九月二十一日には「御郡代御直触被仰付」の肩書がついている。

十九代目の名前は、十七代目と同じ三郎右衛門で、出生地の地名は、銭塘手永北奥古閑村となっている。経歴をみると、「御郡代手付横目に転役」「唐物抜荷改方御横目仰附」「河尻御船手之役」「銭塘手永御惣庄屋並御代官兼帯御（知行高弐拾石）」「坂下手永へ所替御代官兼帯」「池田手永へ所替御代官兼帯」といった、数々の役職に就いている。

倉山小山本家跡の碑（熊本市立天明中学校敷地内）

これらの職務は、細川藩時代に令之の先祖が、惣庄屋として細川藩の末端行政に組み込まれていたことを如実に示している。

横目というのは、目付の配下にあり、警察官・監察官的な役割を果たしたのだろうか。河尻御船手之役の役というのは、軍事的、経済的に重要な水運水路のかなめである海港を管理し、船頭たちを監督する役目を果たしていたのだろう。手永は、江戸時代に細川家が導入した地方行政区域を指す言葉である。組とも呼ばれ、組内に数人の庄屋がおり、この中で数カ村を支配した大庄屋が惣庄屋と呼ばれていた。

その後、小山本家は、三弥、虎八、令之と続き、令之の長男岑雄（故人、熊本県副知事、熊本県立美術館初代館長）が二十三代目、岑雄の長男、紀之（熊本市在住、映像ディレクター）が二十四代目となる。

## 組合村長として奮闘する父親

令之は、明治二十年四月、組合村立奥古閑尋常小学校に入学した。同小が開設されたのは、日本初の「学制」が発布された明治五年の翌々年、明治七年である。当初、村には、校舎がなく、小山家に隣接して建立されている菩提寺「海蔵寺」（曹洞宗大梁山大慈禅寺の末寺）の本堂が教場だった。

その後、同小は、明治三十五年四月に海路口の尋常小学校と合併し、新たに組合村立奥古閑尋常小学校として設立され、今日の熊本市立奥古閑小学校になっている。

虎八は、組合村長として、村の児童たちを尋常小学校に通わせる責任を担っていた。当時の教育制度は、初代文部大臣、森有礼によって「小学校令」が公布され、尋常小学校四年、高等小学校四年の「四・四制」が基本となり、尋常小学校は、義務教育になった。これにより、子供たちは学齢期に入ると、就学を義務付けられ、保護者は、尋常小学校経費の主たる財源として、授業料の支払いを求められるようになった。

さらに明治二十三年十月に入ると、市町村制、府県制施行に伴って、「新小学校令」が定められ、市町村が小学校行政の単位となる。このことは、虎八ら村長が「市町村に属する国の教育事務を管掌」し、府県を通じた国の監督を受けながら「村から読み書きのできない児童」をなくす先頭に立たされたことを意味していた。

奥古閑、海路口地方は、たびたび洪水など災害に見舞われる干拓・農村地帯である。貧しい家庭も多く、経済的にも多難な課題を抱えていた。そんな中、虎八は、奥古閑・海路口村の組合村長として、保護者に「子供を学校に行かせなさい」と呼び掛け、授業料の支払いを求めなければならない。さらに教師を探し、教場を確保しなければならない。初等教育の環境を整えることは、実に頭の痛い、厄介なことだっただろう。

子供たちにとっては、学校で友達と一緒に学び、一緒に遊べる小学校生活は、心弾む日々だった。

教科書は、明治十九年の文部省検定制度の導入により、次第に行き渡るようになり、近代的な体裁を整えた教科書が使われるようになった。『目で見る教育一〇〇年のあゆみ』（文部省発行）によると、一年生の前期は、ドイツの読本をまねた小学校教科用書『読書入門』を使って「読み書き」を勉強し、後期からは「尋常小学読本」（毎学年、前期後期に各一冊）を使用するようになった。文体も工夫されるようになり、最初は口語体を用い、次第に文語体に代わっていった。修身の教科書に「正直」「誠実」「努力」といった徳目の分野で、アブラハム・リンカーンが教材に登場するのも、令之の小学校の時代からだった。貧しい生活環境に育ちながらも弁護士となり、政治家として米国で最も尊敬される大統領になったリンカーンの偉人伝は、幼い令之にとっても大きな励みになったことだろう。

小山家屋敷跡に隣接している海蔵寺。かつて本堂は尋常小学校の教場になっていたこともある

## 教育勅語公布さる

最上級生の頃だろうか、令之たちは、明治二十三年十月三十日に公布された「教育に関する勅語」（教育勅語）を学ぶようになった。「教育勅語」は、天皇陛下が国民の道徳規範を皇祖皇宗の遺訓として下賜したものである。

「教育勅語」が公布されるや、芳川顕正文部大臣は、勅語謄本を全国各地の学校へ配布し、奉読の徹底を図るよう訓令、訓示を発した。これを受けて、熊本では、知事が勅語奉体心得を公布するとともに、勅語謄本を配布、さらに郡市長に対して、郡市役所や高等小学校で公私立学校長、教員、町村議会議員総代、町村長、区長を集めて、奉読式を行うように訓令した。以来、県内各地の学校では、勅語が下賜された「十月三十日」や三大節など儀式の日には、国旗を掲げ、式場の正面に「御真影（天皇の写真）」を飾り、校長先生が紋付き羽織の正装で正面に進み、御真影に一礼後に恭しく「教育勅語」を奉読するようになる。

校長先生も間違ったら大変としっかり練習したことだろう。はじめは静かに「朕惟フニ我カ皇祖皇宗」と読み上げるが、次第に調子に乗って「天壌無窮」という言葉が出てくる頃は、一段と重々しく、声を張り上げた。そんな時、令之も背筋を整え、一段と頭を垂れていただろう。

教育勅語は、授業でも徹底的に習った。令之たちは、先生が読み上げる「教育勅語」の意味がよく理解できないまま、何度も何度も読むことを強いられ、いつか暗記してしまった。

令之は奥古閑尋常小学校を卒業すると、中学校進学を目指して、二十四年四月に官立飽田南部高等小学校（現在は廃校）に進学した。すでに「教育勅語体制」に入った日本である。父親の虎八も役目として「教育勅語」の奉読をする機会が増え、自宅で奉読の練習をしていたこともあった。令之もそんな父親の様子を見ながら、子供ながら「教育勅語」が我が国の教育制度下で国民の精神的な支柱となっていく国内情勢がぼんやりと分かってきた。

令之の勉学の時間は、教育勅語体制下の学校だけではなかった。虎八は、長男が死去したため、令之を幼いころから小山家の家督を継ぐ唯一の息子として、厳しいしつけをし、正座をさせて、何度も何度も論語や孟子など古い書物の素読をさせた。小山家は、細川藩に仕えた郷士の家柄である。細川藩が、伝統的に会津藩と同様に朱子学を藩学にしていた影響もあって、虎八もまた、数多くの老儒先生たちの薫陶を受けていたのだろう。

令之の長男岑雄がこんなことを書き残している。「私の家に古い写本がある。おそらく二、三百年くらい前から伝えられたと思われるこの大量の和とじの本は、何代にもわたって写されてきたものらしい。私どもの幼いころ『お前のご先祖様方はこの書斎で毎日熱心にこの書物を読まれ、字を書かれたものだ。その座っておられた場所は、この通り畳も腐ってしまった。お前たちもこのように勉学せにゃろくなものにはなれんぞ』と説教され、これはまたえらいことだと悲しくなったことを思い出す」

私は、このくだりを読むと、令之もまた、同じことを虎八から説教されていたのだろうと推察する。令之は、家庭でも父親のしつけを守り、ひたすら勉学に励む、真面目な少年だった。

令之には、もう一つ、母親の照から聞かされていた、忘れられない思い出がある。明治九年十月二十四日に神風連の乱を起こした敬神党党首、太田黒伴雄のことだった。太田黒は、虎八が戸長を務めていた内田村に創建された新開大神宮（熊本市南区内田町）の入り婿である。神風連といえば、廃刀令に激怒した蓬頭乱髪の荒武者の姿を重ね合わせてしまうが、彼らは幕末の思想家で国学者の林桜園に敬神、愛国、尊王攘夷の精神を教え込まれた、礼儀正しい若者たちだった。

中でも、太田黒伴雄は、江戸で朱子学、陽明学を学んだあと、林桜園の薫陶を受け、神官の務めを果たしながら、尊王攘夷の精神を説く思想家、学者として知られていた。太田黒家が、飽託郡地方で初めて寺子屋を設けた教育者の家柄でもあったことも、地域の信望を高めていた。

今は廃校になっている飽田南部高等小学校の碑
（熊本市南区権藤町）

　虎八は、太田黒家にしばしば出入りし、親交を深め、何かと懸案があれば、相談したり、議論し合ったりしていた。そんな虎八と太田黒の関係について、照は、令之に次のような話をした。

「太田黒さんは神風連決起の前の晩に虎八を訪ねてきた。虎八が出かけたまま、いつまでも家に帰って来ないので、ずいぶん長い間、私と世間話をしながら待っていたが、とうとうあきらめて去って行かれた。太田黒さんは、決起を前にして、討ち死にを覚悟し、虎八に別れを告げに来たのではないか」

　もしも虎八が早く帰ってきて、太田黒と会っていたら、二人の友情の証として、虎八は、神風連決起に参加し、討ち死にしていたかもしれない。

　令之にとって、母親から何度も聞かされた太田黒伴雄の話は、小山家に脈々と生き続けていた「士族の魂」に触れる瞬間であった。

## 寒巌義尹禅師と銭塘郷

令之の家は、海蔵寺の本寺（本山）である大慈禅寺の奥古閑村檀家総代を務めていた。『肥後川尻町史』（熊本県飽託郡川尻町役場発行）によると、父親の虎八は、明治二十年には「寒巌義尹禅師六〇〇年忌」（明治三十三年）を控え、大慈禅寺の福山堅高老師や海蔵寺など末寺の代表、さらに二人の檀家総代（地名なし）と連名で、当時の熊本県知事富岡敬明に対して仏殿修繕の出願書を出している。廃仏毀釈の影響もあって、同寺は荒れ果て、仏殿の修復資金捻出に困っていた。

当時、虎八の弟・豊熊（令之の叔父）は、新市町村制施行に伴って、二十二年に川尻町の初代町長に就任した。豊熊もまた虎八と同様に大慈禅寺再興へ向けて、行政の立場から何ができるか、頭を悩ましていたことだろう。

令之にとって、寒巌義尹禅師と大慈禅寺は、小山家のルーツにつながる特別な存在だった。というのも、虎八から「小山家の大先祖は鎌倉幕府の御家人衆である関東武士・小山家（上総・栃木県）とつながる一族であり、寒巌義尹禅師に随行して、京都から肥後に下ってきた」と教えられてきた。

小山家に残された江戸時代の陣笠を見ると、「左三つ巴」の家紋がくっきりと記されている。「左三つ巴」の家紋は、平将門を討った藤原秀郷の流れを引くもので、小山一族や小山一族と縁のある結城一族等に継がれてきた家紋である。かといって、小山家が今日、小山一族とつながっていることを示すような、確かな記録が残されているわけではない。

ここで小山家のルーツを探る方策として、大慈禅寺の開祖、義尹の人物像を整理してみる。

義尹は、鎌倉時代の建保五（一二一七）年に京都・北山で生まれた。後鳥羽天皇（一一八〇―一二三九）あるいは後鳥羽天皇の皇子、順徳天皇（一一九七～一二四二）の第三皇子と伝えられているが、昨今では、仁和寺の僧侶記録『仁和寺日次記』を根拠に順徳天皇と公雅法印の娘、宰相局の間に生まれたとの説が有力視されている。

幼くして比叡山・延暦寺に入り、十六歳で比叡山に上り出家、二十五歳の時に宇治の興聖寺で曹洞宗の始祖、道元（一二〇〇～一二五三）の門に投じ、法弟子となった。宋国（中国）へ渡ったのは、寛元二（一二四四）年と文永元（一二六四）年の二度である。

大慈禅寺の開山は、弘安元（一二七八）年。二度目の帰国後、しばらく博多の聖福寺に滞在していたが、そこで川尻庄地頭、河尻（源）泰明の妹、素妙尼に招かれて肥後に下り、如来寺や極楽寺を開山、後に大慈禅寺を創建した。宗派は、義尹の出自から、寒巌派、別名「法皇派」と呼ばれた。

『肥後川尻町史』によると、大慈禅寺は「飽田郡銭塘郷に於いて五十五丁の田畑と伽藍敷地四至四町の寺領を有し殿堂僧房甍を並べ九州無二の霊地法皇派一派の大本山にして常住の僧侶常に一百員を欠かず昼夜の勤行寳祚長久と国土安全との、勅願道場の名に負かさりし」とある。これを見ると、当時は百人にのぼる僧侶が勤行して国を護り、国を興し、朝廷を守護する「興聖護国寺」としての役割を果たしていたことが分かる。

義尹は、僧侶の活動領域にとどまらず、土木開発事業にも取り組んだ。幼いころに義尹は、後鳥羽上皇による「鎌倉幕府の執権・北条義時追討の院宣」で始まった「承久の変」(一二二一年)の渦中にさらされた。そして朝廷側は敗れ、後鳥羽上皇は隠岐へ、順徳天皇は佐渡へ島流しに処せられた。民衆を苦しめる戦禍に義尹の心は、さぞや痛んだことだろう。

義尹は、大慈禅寺開基に先駆けて、九州第一の難所といわれていた緑川に「大渡橋」を架けた。「勧進状」には「白川と緑川の合流する川尻の大渡は難処にして浪が激しいところであるが、交通の要衝にして貴賤の男女や馬が危険を救おうと、文武両官、僧侶、俗人までその助力を頼んだ」(『寒巌派の歴史と美術――大渡橋幹縁疏』より)とある。

大渡橋の完成は、庶民に利益をもたらしただけではない。当時の日本は、蒙古が博多を襲った「文永の役」(一二七四年)をやっと切り抜けたばかりの「非常事態国家」だった。事実、七年後には、総勢十四万人の元軍が再度、博多に襲来した。台風により、危機は免れたが、まさに国難の真っただ中にあった。大渡橋の完成は、庶民の利便にとどまらず、軍事面で輸送路確保という重大な懸案を解決するために役立っている。

もう一つ、義尹の事業展開で特筆されることは、河尻泰明から大慈禅寺境内四町四方並びに牟

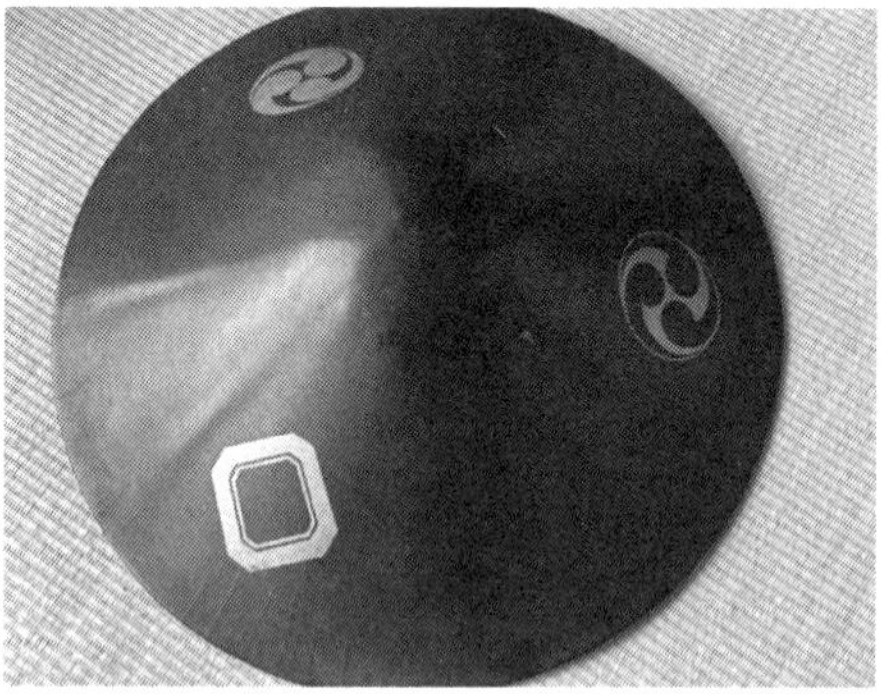

家紋入りの陣笠（小山紀之氏提供）

田三十町の寄進を受けると、弘安七（一二八四）年に銭塘郷（現在の熊本市南区天明町）に五十五町の農用地開拓を始めたことである。

銭塘郷開発の狙いは、大慈禅寺の供養米を自らの手で生み出すことだった。その心は「鎌倉の力は受けない。自身の力で供養米を銭塘に求める」である。そこには「承久の乱」に敗北した後鳥羽上皇、順徳天皇らの無念さを秘めながらも、そのエネルギーを糧に地域社会に貢献する義尹の姿が垣間見えるようだ。

小山家に伝わる話は、義尹が自ら資力を投じて川尻付近の埋築（干拓）を始めたときに、大先祖が義尹に従って、埋築工事に取り組み、そのまま奥古閑銭塘に定着した、というものである。

岑雄によると、裏付け資料に「――『伺』久我宮内卿、馬場左近、林田右近、小山氏等に工夫を課役せしめる」と記された文書が残されている由、残念ながら、私には、文書の存在を確認できていない。

文中に記載された「久我宮内卿」の名前に関しては、郷土史家の小山正が『天明村村史』に「京都在住の久我宮内は、義尹が弘安年中に銭塘を開発された当時、一族の官職人や其の外十家とともに銭塘に定着した」と綴っている。このことは、小山家家記や伝承などを勘案すると、小山家のルーツが久我宮内卿らと一緒に干拓開田にかかわり、河尻家から寄進された奥古閑銭塘郷に定着した可能性を示唆している。

義尹は、蓑笠をつけ、草履履きで銭塘を築く現場に出かけ、百姓や人足を指揮した、とされる。丘宗潭老師（永平寺監院）によると「其の時に人足の者どもが少しく疲労せるよと見れば、自ら面を冠って興を添えられた」（『肥後川尻町史』）そうだ。小山家の大先祖も一緒になって、百姓や人足たちを励ましていたのであれば、想像するだけで愉快になる。

五十五町歩の農用地が出来上がった時に、義尹は、堤の上に柳を植え、銭塘と称した。宋に渡っていたころ、銭塘江で遊んだことを懐かしく思い出していたと伝えられている。

銭塘開発が一段落すると、素妙尼に祈願されて創建した最初の寺、如来寺に帰り、正安二（一三〇〇）年に示寂した。八十四歳だった。禅僧であり、政治家であり、そして偉大な社会事業家であった。そして、小山家をはじめ、多くの民に「故郷」を残した。

## 菩提寺海蔵寺と大慈禅寺のこと

もう一つ、小山家にとって、義尹との絆を象徴することがある。大慈禅寺の末寺である、小山家の菩提寺「海蔵寺」（満崎隆紀住職）の存在だ。

『寒巌派の歴史と美術』によると、海蔵寺の開基をめぐって二つの説がある。一つは、義尹の法を継いだ四人の弟子のひとり、肥後の人、鉄山士安（一二四六～一三三六）を開祖とするもので、『肥後国誌』には「北沖村　海蔵寺江月村　禅洞家大慈寺末寺　後醍醐帝嘉暦三年本寺鉄山和尚開基之年貢地也」とある。

嘉暦三年というのは、西暦一三二八年頃の後醍醐帝時代である。北沖と呼ばれた地区は、海蔵寺に年貢を納めていたところだろうか。

鉄山士安は、義尹の弟子のひとり、斯道紹由（大慈禅寺二世、肥後の人）のあとを継いで大慈禅寺の三世に就任した。海蔵寺のほか、熊本県では常福寺（以上天明町）、西安寺（宇土市）、正法寺・光明寺（下益城郡）、福岡県では筑後・瀬高に二尊寺（現在は臨済宗）を開き、延元元（一三三六）年に九十一歳で示寂した、とされている。

もう一つは、肥後の人、梅巌義東（一三六〇～一四二三年）を開基とする説である。梅巌義東は、鉄山士安から大衣、払子、法語などを付与された東洲至遼（筑後の人）のもとで、多年にわたって修行し、応永七（一四〇〇）年に継いだ。東洲至遼の没後に護真寺（地名不詳）、海蔵寺を開いた、とされる。朝廷より徳政禅師の号を賜り、応永三十（一四二三）年に示寂した。

小山家の墓地は、海蔵寺の墓地の中心部に位置する。すぐそばに建立されている海蔵寺歴代住職の世代誌には、當寺開山鉄山士安大和尚、中興開山梅巌義東大和尚の二人の禅僧名が刻まれている。

大梁山大慈禅寺の法堂

義尹の足跡をたどって、令和五年一月一一日、曹洞宗大梁山「大慈禅寺」（熊本市南区野田一丁目）を訪ねた。熊本市中心部から車で国道三号線を二十五分ほど走り、加勢川を渡り、バス停前の交差点を左に曲がると、山門が見えてくる。山門を入ると、石畳の向こう正面に仏殿があり、法堂、位牌堂、そして一番奥に義尹禅師像が祀られている開山堂がある。七千坪に及ぶ広大な境内には、祖廟をはじめ、檀信徒の墓苑や大庭園が広がっていた。大慈禅寺は、今日、曹洞宗本山永平寺の四門首寺の一つである。

私が訪ねた日は、年中行事の一つ、新年大般若祈祷法会が開かれた日だった。末寺の禅僧も顔をそろえ、今年一年の天下泰平、五穀豊穣、檀信徒たちの無病息災を祈念して、声高らかに経典を転読する法要が行われた。境内は多くの檀信徒で賑わっていた。

庫裡の一室で、大慈禅寺の歴史に詳しい藤岡弘龍氏（黄梅山東禅寺住職）から懇切な説明を受け、祖廟参拝を終えて山門に向かっていたところ、穏やかな風貌の僧侶に声をかけられた。「寒巌義尹禅師のことを知りたくて福岡から参りました」と言うと、お供の僧に「禅師像がおられる開山堂に案内してあげなさい」と告げられた。あとで聞くと、この僧侶は、大慈禅寺住職代理の池田大智氏（妙音寺住職）だった。

思いもかけない義尹禅師との出会いだった。等身大の木彫の禅師像に手を合わせながら、令之もひょっとしたら、虎八に連れられて、一緒にこの禅師像を拝んだのではないか、そんな思いが頭に浮かんだ。

大慈禅寺は、かつては法皇派の本山と称されたが、時代の変遷とともに皇室の手を離れ、幾多の困難と遭遇した。豊臣秀吉時代には、肥後の国主として入国した佐々成政（一五三九〜一五八八）によって、寺領も取り上げられた。江戸時代に入ると、幕府の寺社奉行から寒巌義尹時代に着用を許されていた住職の紫衣を禁じられたうえ、永平寺の末寺になるように命じられ、独立の本山としての資格を失った。その後、いくらか寺運も安定するようになった、とされるが、かつての官寺の勢いはなくなり、廃仏毀釈、幾多の災禍、農地解放による寺領没収などのため「荒廃もその極に達し、見る影もない状態になった」（大慈禅寺パンフレット）時もある。

今日、大慈禅寺は、本格的な復興が企画され、肥後の名刹、曹洞宗大本山永平寺の四門首寺の一寺として、熊本地震も乗り越え、新たな復興の道を歩んでいる。

# 第二章　多感な青春——濟々黌時代

## 「三綱領」掲げて国家有為の人づくり

富国強兵を国家スローガンに掲げ、列強国の仲間入りを目指す日本は、明治二十七年八月一日、「眠れる獅子」と呼ばれていたアジアの大国・清国（中国）に宣戦布告した。日清両国が朝鮮半島で起きた東学党の乱に乗じて出兵、その撤兵交渉がもたつく中、清国に攻撃を仕掛けた。国民の大半は、戦争突入は朝鮮（当時）の独立を助ける「聖戦だ」と信じていた。熊本は軍都である。精強を誇る第六師団の兵士たちが軍靴の音を響かせ、次々と大陸へ渡っていた。

十一月に旅順、二十八年一月には威海衛攻略……そして連戦連勝の知らせが届いた。国内は沸き立った。熊本でも各地で祝勝の杯を上げる風景が見られた。令之も大人たちと一緒になって戦勝を喜び、「万歳、万歳」と大声を上げて、大得意になったことだろう。

令之の耳には、もう一つ、心を掻き立てるニュースが入っていた。虎八からしばしば「井手さんとこの息子は、佐々さんの濟々黌で勉強し、清国との戦争で活躍されておられるバイ」という話である。

「井手さんとこ……」というのは、虎八が奥古閑・海路口村の組合村長就任前に戸長を務めていた飽田郡中島村（現在は熊本市西区）の旧家、井手理三郎の長男三郎のことである。小山家の親戚筋に当る人物だ。

三郎は、私学濟々黌時代に中国語（シナ語）を勉強し、濟々黌の漢学教師を一年間ほど務めた後、明治二十年に中国に渡り、漢口や北京に遊学した。さらに日清戦争が始まると、大本営附の通訳官となって活躍していた。

虎八から聞く三郎の活躍は、濟々黌進学を目指していた令之にとって、心がわくわくするような、興味深いことだった。虎八もまた「三郎さんのようにしっかり勉強し、日本のお役に立つ人間になりなさい」と励ましたことだろう。

「佐々さん」というのは、佐々友房のことである。濟々黌を創立した教育者であるとともに、学校運営が軌道に乗ると、熊本国権党を組織し、明治二十三年七月の第一回帝国議会選挙で衆議院議員に当選、以来、明治三十九年に死去するまで連続当選し、熊本保守政界の大御所的な存在だった。

濟々黌は、明治十五年二月に創立された熊本県尋常中学校である。当時、私立学校でありながら、熊本県当局から学校予算をつぎ込まれ、熊本県下唯一の中学校として、数多くの卒業生を輩出し、大きな影響力を発揮していた。令之に限らず、向学心に燃えた子供たちにとって濟々黌への進学は、九州の最高学府として誕生した第五高等学校（二十七年に高等中学校から名称変更）、帝国大学につながるエリートコースの入り口に立つことだった。

令之が目指した「佐々友房の濟々黌」とは、どんな学校だったのだろうか。私立ながら官立同様の資格を受けており、熊本県会（県議会）では、野党の民権派議員から「県立学校でもないのに、どうして濟々黌に教育予算を注ぎ込んでいるのか」と厳しく追及されたこともあった。

ここで佐々友房にスポットを当てながら、濟々黌を軸に熊本で展開された「政治・教育動向」を紹介すると……。

佐々友房は号、克堂、安政元（一八五四）年に現在の熊本市・内坪井町に肥後藩士、佐々陸助の次男として生まれた。第八代細川藩主、細川重賢によって設立された藩校「時習館」の居寮生となったが、明治三年の藩政改革により時習館が閉鎖されると、肥後勤皇の雄、林桜園に国典、国友古照軒に経史を学び、水戸学・朱子学を考究して、皇室中心の国家主義的な思想を身につけた。

時習館は、伝統的に朱子学を重んじ、文武両道、質実剛健の気風を育てた。しかし、幕末から維新にかけ、学派は、保守佐幕の思想派グループ「学校党派」、林桜園門下の「勤王（皇）党派」、横井小楠ら進歩的な派閥グループ「実学党派」の三派に大きく分かれる。

学校党派からは、明治政府で活躍する伊藤博文の側近高級官僚、井上毅（のちの文部大臣）をはじめ、二代目の第一高等中学校長の古庄嘉門（済々黌副黌長）、木村弦雄（三代目済々黌黌長）、高橋長秋（済々黌皇館漢学教師、実業家）など教育関係者を続々輩出した。佐々友房は、当初は勤王党派に属していた。

勤王党派には、明治九（一八七六）年十月に「神風連の乱」を起こした敬神党党首で、虎八の友人、太田黒伴雄らが属していた。太田黒伴雄は鎮圧され、多くの同志とともに死去している。

実学党派は、横井小楠に強く影響を受けた沼山津派と米田虎雄ら坪井派の二派に分かれているが、明治三年の藩政改革以降、熊本藩の事実上の実権を握り、熊本県下の政治・教育界で学校党派を凌駕する勢力になった。

例えば、文教面を取り上げると、実学党派は、時習館廃止が決まるや、明治四年九月に後継校として熊本洋学校を開設している。米国留学から帰国した横井小楠の甥、横井大平の奔走によるもので、米国人教師ジェーンズ（南北戦争時代の陸軍大尉）を招いて、西洋の文物技術、思想を導入することを目的に徹底した英語授業を行い、男女共学方式も取り入れた。

ジェーンズの影響を受けて、海老名弾正ら三十五人の生徒が、明治九年一月三十日にキリスト教布教を宣言する「花岡バンド」を結成した。このバンド結成により、同校は札幌農学校、横浜ミッションスクールと並んで、日本における近代キリスト教の三大発祥校といわれている。

熊本洋学校は、同年八月にジェーンズの任期切れに伴って廃止され、熊本英学校と改組されていくが、海老名弾正ら多くの卒業生が京都の新島譲のところへ駆けつけ、同志社大学創立の中核となった。

熊本県（熊本藩）では、同年六月に今の熊本城内の一隅、千葉城跡に正規の中学校「千葉中学校」も創立された。この中学校は、実学派の影響下にあり、実学派グループには、明治天皇の侍講元田永孚や長岡監物（細川藩主の弟）、安場保和（元老院議員）らがいた。

熊本の政治・教育動向に「脱実学」とも言えそうな変化の兆しが見えたのは、明治十（一八七七）年に勃発した西南戦争以降である。熊本城が炎上し、城下町熊本の六十パーセントが焦土と化し、県立千葉中学校も焼失した。県当局は、いち早く県立学校の再建に力を入れ、師範学校開校に続いて、十二年六月には熊本県中学校を開設した。文部省の基準に沿った尋常中学校で、自由な雰囲気の中、英語教育に力を入れ、県下唯一の近代的な中学教育機関だった。

その一方で、学齢の制限や試験による生徒の選別、授業料の負担など、西南戦争で戦災を受けた城下の子弟たちには厳しい制約があり、彼らの向学心を満足させる条件に乏しかった。教育内容もまた「知識に偏向し、徳義を軽視している」と批判の対象になった。

こうした教育方針に反旗を翻したのが、佐々友房だった。佐々は西南戦争が勃発するや、熊本隊の池辺吉十郎、国友重章らとともに一番小隊長として転戦、重傷を負って宮崎の獄舎に収監されるが、放免されると、同志の高橋長秋、古庄嘉門らに呼びかけて、同（一八七九）年十二月に私塾「同心学舎」（校長は叔父の飯田熊太、二年後に同心学校と名称変更）を創立、十五（一八八二）年

濟々黌の校門。左下は校内に建立されている濟々黌創立者佐々友房の胸像

二月に私学校「濟々黌」と名称を変更し、自ら黌長に就任した。

佐々が教育に情熱を燃やした背景には、西南戦争のため、向学心に燃えながら、就学の道が開けない青少年たちへの償いの気持ちと同時に、学校党派が培ってきた伝統的な肥後文教再建への思い入れがあった。同時に細川藩藩士として「明治維新のバスに乗り遅れてしまい、薩長土肥に天下を奪われてしまった」という、そんな無念さも胸中に湧き上がっていたに違いない。

佐々には、獄中で期することがあった。それは「これからは戦いによって天下を取ることはできない。国を護り、国を救うためには青年子弟を教育し、国家有為の人材を養成する」ということである。

濟々黌の建学の精神には「皇室中心、国家主義」が謳われ、開校式を明治十五年二月十一日の紀元節の日に行なった。佐々友房は、式場に皇祖及び天皇・皇后陛下の聖影を掲げ、「濟々黌記」とともに、教育方針「三綱領」（漢文）を発表した。

「正倫理　明大義」（倫理を正しゅうし、大義を明らかにす）

「重廉恥　振元気」（廉恥を重んじ、元気を振ふ）

「磨知識　進文明」（知識を磨き、文明を進む）

「三綱領」の教育方針は、徳・体・智の三育併進教育を進めながら「生徒の国体観念を養い、倫理道徳を重んじ、質実剛健の気風を育て、和魂洋才、世界的知識を進めて、国家有用な人材を養成する」（『教育熊本の伝統』）ことにあった。武道に力を入れ、体力増強を図るために毎月五里以上の長距離遠足も実施した。また寄宿舎生活を重視し、佐々自ら生徒たちと寝食を共にした。三大節（新年・紀元・天長）には黌内で国旗の下に祝宴を開いた。

こうした教育方針は、政府が明治五年の「学制」で掲げた「知育重視」「個人の幸福や立身出世主義」を謳う欧風教育の風潮に逆行していたが、いつの間にか、濟々黌生と県立熊本中学校との間に気風の違いを生み出し、熊本に独特の教育風土を創り上げていくことになる。

熊本中学校の第一回卒業生、井芹経平（五代目濟々黌黌長）は、次のように記している。

「県立中学校の生徒は、欧米流の自由主義・個人主義に立ち、立身出世を志し、進歩的だった。一般にハイカラで派手を好み、浮華放縦、武道や体操などは封建的遺風ぐらいに考えて軽視していた。一方、私立濟々黌は、肥後文教の伝統に立ち、国家及び社会多方面の有為な人材の育成を目指し、新文化に対しては、保守的で和魂洋才で臨んだので、生徒の気風はバンカラで、質実剛健の気概に富み、振武会（剣道団体）の中心となって、文教と相俟って尚武の精神に横溢し、時代を担って立つという気象が盛んであった」（『教育熊本の伝統』より）

明治二十年に入ると、熊本の教育界は大きく変わった。佐々らが率いる熊本国権党勢力が県会で多数になり、年度末県会で翌年度の熊本県立熊本中学校への予算案を反対多数で否決してしまったのである。この結果、熊本中学校は県立ながら学校運営ができなくなり、二十一年三月、廃校を余儀なくされた。

代わりに県立中学校の役割を担ったのが、濟々黌である。濟々黌は文部省や県当局の後押しを受け、私立中学校ながら県当局から補助金を受ける、全国でもユニークな尋常中学校になった。

何故、そんな事態が起きたのだろうか。背景にはいくつかの要因がある。一つは、十六年五月二十一日に濟々黌が明治天皇から宮内省を通じて恩賜金（五百円）を下賜されたことが幸いしている。これは濟々黌を視察した参事院審議官、渡邊昇が校舎に吊るされた生徒たちの藁草履をみて「一旦、緩急あれば出兵も辞さぬ」といった国士教育に感嘆し、明治天皇の侍講、元田永孚や井上毅（のちの文部大臣）らとともに、宮内省に働きかけた結果だった。濟々黌は、戦後、熊本県立濟々黌高等学校になってからも、この日を「恩賜記念日」と定め、運動会を「恩賜記念大運動会」と称している。

もう一つは、初代文部大臣、森有礼のお蔭である。森は、十九（一八八六）年に中学校令を公布すると、国内を五つの高等中学校区に分け、第五地区の九州に設置する第五高等中学校の候補地を選ぶために熊本を訪れた。森の胸中には明治政府が当初掲げた「知育偏重」「立身出世主義」の教育方針が青年学徒の道義の退廃や浮華放縦の風潮を醸成していると危ぶんでいた。

そんな森の宿舎に深夜遅く、佐々友房が訪ねていく。佐々の熱弁ぶりは「国政に思いを馳せ、外交に心を砕きながら道義の退廃を嘆き、教育の重大性を腹の底から訴えたもの」だった。

心を動かされた森は、翌日、濟々黌を視察し、第五高等中学校に連繋する尋常中学校として資格を有しているのは、県立熊本中学校ではなく、濟々黌だと確信した。併せて第五高等中学校の設置場所も熊本と決断した。森が熊本で見せた顔は、欧化主義者ではなく、国家主義者その人だった。

文部省に帰った森は、四月十五日に第五高等中学校の熊本設置を認可、さらに濟々黌が尋常中学校としての体制が整うのを確かめたうえ、濟々黌に官公立同等の特典を付与できるように熊本県知事、富岡敬明に対して、協力を要請した。そこには、濟々黌をモデル校に尋常中学校から高等中学校へ繋がる「国士教育体制」の構築を進める森の教育姿勢が鮮明に浮かび上がってくる。

森の濟々黌への傾倒ぶりは、五高設置に絡む人事を見ても推察できる。森は五高の初代校長に第一高等中学校の初代校長を務めていた腹心の野村彦四郎を起用し、古庄嘉門（大分県書記官、済々黌副黌長）を一高の二代目校長に抜擢した。

この人事は、教育関係者を驚かせた。帝都に設置された高等教育機関「一高」の校長ポストに私学の副校長を務めた経験しかない熊本の男を据えたのだから無理もない。まさに異例の人事だった。

古庄も、果断である。教頭に木下廣次（一高三代目校長、京都帝大総長）、幹事に佐々の同志、高橋長秋、舎監に守田愿《すなお》（済々黌舎監）を起用し、一高の教育陣容を済々黌と縁のある細川藩人脈で固めた。森が古庄人事をどのように評価したのかは、記録が残されていないが、佐々にすれば、中等教育・高等教育の在り方をめぐり、我が意を得たりと得意な気分になったことだろう。

済々黌は、二十五年十月に九州学院普通学部（今日の九州学院とは別組織）と改組されるが、二十七年四月から私立学校体制を維持したまま、熊本県立尋常中学済々黌と校名を改称し、新たなスタートを切った。

## 佐々友房の政治活動「熊本国権党」

佐々友房は、教育者であるとともに政治家だった。御前会議で「明治二十三年を期して国会を開くべし」との勅令が渙発され、民権運動・政党活動が高まると、佐々は、古庄嘉門、安場保和らと一緒に保守本流の政治結社「紫溟会」の創設を目指した。彼らは、学校党派のほかに民権派の実学党派や相愛社（植木学校を設立した民権派グループ）にも声をかけた。しかし最終的には、国体をめぐる論議の折り合いがつかず、紫溟会は学校党派と実学党派の坪井派（米田派）によって組織される。

結党式は、明治十四年九月である。熊本国権党のルーツ誕生だった。設立趣意書は、井上毅（当時は太政官大書記官）が起草した。文面には「能く国を興すものは政党なり。能く国を覆すものも又政党なり。之を将に顚《くつがえ》さんとするに扶《たす》け、之を既に危きに保つ者も、亦政党なり。国の禍福は政党の多数を制するもの如何と視る」とのくだりがある。熊本日日新聞社の政治記者として知られた南良平は「現代の政治家たちに読ませたくなるような文章だ」（『熊本の政争のはなし』より）と綴っているが、本当にそう思う。

規約第一項には「皇室を翼戴し立憲の政体を賛立し以て国権を拡張す」との文言が掲げられた。民権思想を退けて「立憲君主政治体制」の構築を目指しており、大日本帝国憲法（明治憲法）を起草した井上毅の理念が先取りされている。

紫溟会は、その後、紫溟学会と名称を変更し、組織内に学術部、世務部、実業部の三部門を設け、熊本国権党の活動は、九州日日新聞（熊本日日新聞の前身）とともに世務部の事業として位置付けられた。済々黌は学術部の事業分野となり、済々黌は一時的に九州学院普通学部となる。

熊本政界は、明治十五年頃から紫溟学会（熊本国権党）と民権主義を掲げた公議政党（相愛社と立憲自由党の合併政党）の二大政党時代に突入した。その後の政党展開は、大まかにいえば、熊本国権党が憲政会、立憲民政党へつながり、公議政党は九州改進党、政友会と改組・発展し、両党の厳しい争いから、熊本は日本を代表する「政争県」と呼ばれるようになる。

熊本国権党が、紫溟学会の政治活動部門から独立し、正式に発足したのは、明治二十二（一八八九）年一月十日である。党総理に古庄嘉門、党副総理に佐々を選出しているが、事実上の党首は佐々だった。

明治政府は、熊本国権党結党日から約一か月後の二月十一日に宮中の明治宮殿正殿で大日本帝国憲法（明治憲法）の発布式典を行った。森有礼が山口藩士に出刃包丁で襲われたのは、式典開催の朝である（森は翌日死去）。

式典の大役は、枢密院議長に就任した伊藤博文の後任、黒田清隆内閣総理大臣が務めた。明治天皇から憲法全文を納めた箱が黒田清隆の手に渡されると、東京の空には、百一発の祝砲がこだました。立憲君主国家体制づくりを進めていた明治政府にとって、最も重大な政治イベントだった。

式典の日、国内は祝賀に包まれた。熊本では熊本国権党の支持者たちが盛大な祝賀会を開催し、市中パレードを行った。民権派勢力の九州改進党もこの日の前後に熊本や八代、高瀬、荒尾などで祝賀会を開いているが、熊本国権党主催のパレードには、一般市民を含め六千四百人が参加し、まるでお祭り騒ぎのような賑わいだった。

佐々らの胸中には、これからは熊本国権党が日本を動かしていく、そんな政治的な野心も膨らんでいた。郷土史家の上村希美雄は「熊本国権党は、攘夷論の潜在エネルギーをナショナリズムへ転嫁した士族の集団である」（『近代日本と熊本』）と指摘しているが、まさにその通りだろう。明治憲法には、熊本国権党が掲げた「皇室の翼賛、国権の拡張」の理念がそっくり受け継がれていた。佐々らの政党活動の狙いは、反政府的な自由民権運動に対抗して「官僚党―吏党」の役割を果たしながら、国権を拡大し、アジアの大国として列強諸国の仲間入りを目指すことだった。

政府は、明治憲法発布の日に「衆議院議員選挙法」も公布した。選挙人は満二十五歳以上の男子で直接国税（地租と所得税）十五円以上の納入者に限られ、有権者は、全人口の一パーセント強に過ぎなかったものの、この選挙制度は、日本がアジアで初めて近代的な立憲君主国家体制になった証しでもある。

第一回帝国議会・衆議院選挙は、翌年の七月に実施された。熊本からは佐々が濟々黌黌長を木村弦雄に託し、古庄も一高校長ポストを教頭の木下廣次に譲り、ともに総選挙に立候補し、当選を果たした。

選挙結果は、全国的にみると、総議席三百のうち、政府に批判的な立憲自由党、立憲改進党などの民党側が過半数を占めたが、熊本では、佐々ら熊本国権党派が八議席のうちに六議席を占める圧倒的な強みを発揮して、天下に吏党勢力・熊本国権党の存在を見せつけた。

熊本県会（県議会）選挙も強かった。十八年の県会選挙を見ると、民権派の十議席に対して三十二議席を占め、議長も副議長ポストも独占している。これにより、明治初期に実学党派が牛耳っていた熊本政界は「熊本国権党の城下町」と変わっていく。

令之の故郷、飽託郡は、熊本国権党の強力な選挙地盤として「国権八万騎」と呼ばれた。虎八も組合村長を務める村の有力者として選挙に携わった。屋敷に支持者や政治好きの人たちがやってきて、酒を酌み交わして政治論議に花を咲かせたことだろう。

熊本には、熊本県人の気質を表す「肥後モッコス」という言葉がある。正義感は強いが、頑固で一度決めたら梃でも動かず、間違っていても自己の主張を押し通す、そんな熊本男子の気性を言い表しているのだが、そんなモッコスたちから「あの人は国権党のコッポネたい」と呼ばれる人たちがいた。

儒教倫理を座右の銘にし、骨の髄まで忠君愛国ぶりを発揮し、国家主義に凝り固まっているような人を指した言葉といわれているが、その純粋さ、頑固ぶりに敬意も払われていたようである。虎八もまた、そんなコッポネたちに囲まれていた。

令之の長男、岑雄が熊本県庁に勤めていた頃、(今から随分前の昭和四十六年六月の話だが)当時の知事が県議会に岑雄の副知事選任を求めたところ「あの人の家は、熊本国権党の家柄バイ」――そんな声が野党席でささやかれた、という。「父親の令之が熊本国権党に入党していた関係から、保守気質に固まった、ゴリゴリのお役人ではないか、と思われていたのかな」と苦笑いしていた。それにしても熊本では、戦後になってもしばらくは戦前の政党「熊本国権党」の名前が長い間、生き続けていた。佐々友房の影響力は今も大きい。

## 廉恥を重んじ元気を振るう

令之は、日清戦争が終結した明治二十八年四月、熊本県尋常中学濟々黌(藪ノ内)に入学した。尋常小学校、高等小学校を終えた令之は、無試験だった。黌長は、第三代、木村弦雄に代わり、着任一年目の八重野範三郎(第四代)だった。佐々友房が創立時に掲げた教育方針「三綱領」が、黌内にも寄宿舎にも掲げられていた。

校旗は、白地に赤で濟々黌の三字が横書きされており、旗竿は槍だった。スクールカラーは黄色。学帽の周りには黄線二条が縫い付けられており、銀色の桜花を金色の月桂樹で囲んだ徽章だった。制服は上着が黒色、ズボンは白色と定められていた。制服が揃えられずに袂の長い和服を着たり、巡査や兵隊のお古を改造した服に黒脚絆をつけ、わらじを履いていた生徒もいた。

令之が入学して驚いたのは、新入生の数が前年に比べて二倍以上に増え、二百人を超えていたことだった。在黌生総数は転入生を含め、五学年を合わせると、千二百人を上回っていた。生徒数がにわかに増えていたのは、近郊の私学校「鶴城学園」(宇土)の生徒を無試験で入学させたり、徳富蘇峰ら熊本洋学校出身者が設立した大江義塾(のち廃止)や城北学園(同)の生徒を大量に受け入れたこともあるが、その背景に国民の教育への関心が急速に高まり、中学校進学を目指す生徒たちが多くなっていたこともある。もう一つ、熊本県が「高等教育の学都」として全国的に注目を浴びる存在になっていたことも見逃せない。

当時の文部大臣は、井上毅（熊本出身）だった。井上は、日清戦争開戦前の明治二十七年六月に「実業教育国庫補助法」とともに、五高など高等中学校を高等学校とする「高等学校令」を公布した。彼が目指した教育改革の目的は「国家に役立つ有用な人材を一刻も早く世に送り出さなければ、列強諸国に伍していくことができない、そのために実業教育の振興に力を入れるとともに、高等中学校を帝国大学に次ぐ高等教育機関にしなければならない」ということだった。

その結果、第三高等中学校（京都）の大学予科が廃止され、法学部、医学部、工学部を設置した高等学校となった。また鹿児島高等中学校造士館の廃校も決まった。のちに三高も予科が復活し、造士館は第七高等学校として新たなスタートを切ることになるが、井上毅の教育改革は、帝大教授陣や関西人、鹿児島人の不評を買った。

一方、熊本の教育界は、大歓迎だった。五高は、従来通り、帝国大学への予備門コース「大学予科（三年制）」が存続し、長崎に医学部を持つ九州最高の学府として、一段と存在を高めた。熊本には帝国大学進学を目指す生徒たちが全国各地からやってきた。五高のお膝元にある濟々黌への進学熱も高まり、他県からの入学者も増えた。

ところで令之は、どんな濟々黌生活を送っていたのだろうか。同期生の岡崎鴻吉（毎日新聞社友）続有節（帝国教育会）山室宗武（陸軍中将）の三人が『濟々黌百年史』に「思い出話」を寄せている。参照しながら令之の中学時代を寸描する。

〇寄宿舎生活

令之は、入学が決まると、飽託郡出身の友達と一緒に内坪井にあった寄宿舎に入った。舎監、岡本源治の指導下、同室生と一緒に「学友団」を構成し、室長の下、切磋琢磨しながら、自治の精神を高めた。勉強よりも武勇賛美の風潮が広がっていた時代である。「三綱領」の中で、生徒たちが最も重視していた項目は「倫理を重んじ、大義を明らかにす」「廉恥を重んじ元気を振ふ」ことだった。上級生が下級生を指導する際に鉄拳制裁といった、暴力行為を振るっても容認された。手鏡を持っていたということだけで、軟弱だとして制裁の対象になった仲間もいる。

寄宿舎の食費は一日三銭。食券を持って食堂に行けば、何食分も食べることができた。令之はお正月のお雑煮の餅を年の数は食べなければならないと張り切るような少年である。一度に二食分も三食分も平らげたことだろう。湯茶は限られており、のどが渇くと、寄宿生たちは校門の近くにあった井戸に群がって、釣瓶に口をつけて水を飲んだ。

水泳は、正式の課目ではなかったが、盛んだった。寄宿生は、夏休みに入る前日に江津湖に足を延ばし、小舟に乗って上流まで漕ぎ出し、そこから飛び込んで江津橋と呼ばれる橋のところまで競泳をした。岡本舎監が、競技開始前に訓示をするのだが、その弁が振るっている。「溺れてもよいから中途でやめてはいかん。宇治川の先陣争いでも後に続くものがあったればこそ佐々木高綱が一番乗りをやったのだ」武将の話題を引っ張り出して「活を入れる」先生だった。

〇学業に関して

登校時、生徒たちは舎監室へ行って敬礼し、名前札を裏返しして、自分の出席を表示しなければならなかった。クラスは、七組に分かれていた。生徒が急増した影響から、一人の先生が複数の組担任をしていた。教室の中には、柱が立っている殺風景な部屋もあり、黒板の文字が見えにくいところもあった。

下級生時代、学科の成績を気にするような雰囲気はなかった。先生たちも学問を教えるというよりは、生徒の人格の陶冶や精神の鍛錬に重きを置いた授業に重点を置いていた。そのためか、学科によっては、力量不足の先生もいたようで、向学心に燃えた生徒たちに不満も残った。英語教師といっても発音がおかしく、ナイフ「ｋｎｉｆｅ」のことを「クニフ　クニフ」と発音して、生徒をびっくりさせた話も伝わっている。

上級生になるにつれて、優秀な先生たちが教壇に立つようになった。黌長が八重野範三郎から井芹経平に代わり、校長よりも給与も高い教師を招聘し、向学心に燃えた生徒たちを鍛えた。英会話教師として外国人教師もやってきた。夏目漱石が五高教授時代に済々黌にやってきて英語の授業をした話も伝わっている。

放課後には、教室でシナ語（中国語）の講習会が開講された。日清戦争の影響で速成の通訳を養成するための講座で、大陸雄飛に情熱を燃やした若者が参加していた。

○武道　集合撃剣

剣道は正科だった。熊本特有の袋竹刀を使った「面」と「小手」のみの試合が奨励され、精神の鍛錬に重きが置かれた。生徒の上達度に応じて、無印、白、青、赤、赤紐、黄面の六階級に分かれ、赤面以上に認定されると、教師の補佐をする助教の役を与えられた。

エキサイトしたのは「集合撃剣」だった。これは全校生徒が赤じま、黒じまのシャツを着て、東西の集団に分かれ、陣太鼓が「ドン」と鳴り響くと、大声をあげながら一斉に切り込む、勇壮な戦いだった。後ろに陣取る生徒が勢い余って、前列の後頭部を叩きつけることもあった。

「集合撃剣」は、濟々黌名物である。招魂祭をはじめ、校外行事に参加する折には、黌旗を先頭に全校生徒が出動、市民の前で披露した。修学旅行先でも演じた。

○遠足、行軍、兎狩り、水泳

明治天皇から「金一封」が下賜された五月二十一日は、恩賜記念日である。濟々黌にとっては年中行事中、最も重視する日として、遠足が行われた。行程は、通常、二、三里の道のりだった。生徒たちは班ごとに分かれ、往路は個人競争、復路は、団体競争だった。同期生の山室宗武は「強者が弱者の手を引き、または背負って駆けるなど、大いに協同の精神を発揮した」と思い出を綴っている。

令之が入学した頃、阿蘇北外輪山の一峰、鞍岳（標高一一一九メートル）への登山が行われた。夜十時に学校を出発し、夜通し歩いて登山し、学校に帰り着いたのは翌日夕だった。

四年生の頃だったろうか、天草への行軍があった。「濟々黌」と大きく横書きされた黌旗を先頭に、鉄砲を担ぎ、背嚢を背負って一晩歩き続け、朝方に三角港に到着、それから汽船で天草・本渡に渡った。天草分校の校庭に到着すると、全員、胡坐をかいて「天草の歴史」講話を聞いたが、前夜の強行歩行と不眠のため、バタバタと倒れて眠りこける生徒が続出した。

兎狩りは、熊本特有の学校行事だった。当時は近郊の山野にたくさんの野兎がいたようで、令之たちは、学友団ごとに班を編成し、深夜に寄宿舎を出発し、近郊の山に出かけ、兎を網に追い込んで捕まえた。夕刻には帰校するが、翌日は矢開きといって、職員、生徒が一緒になって、校庭で「三綱領」を高唱し、兎飯を食べて気炎を上げた。

○集団喧嘩事件

明治二十九年十月十日、濟々黌史に残る一大不祥事件「鹿児島中学校との集団喧嘩」が発生した。令之は二年生だった。修学旅行で五高を訪れていた鹿児島中学校の生徒二百人が五高の運動会で濟々黌生と鉢合わせし、五高運動部員の発案で、飛び入りの対抗レースが行われた。双方とも負けるわけにはいかない。いつか闘志むき出しの応援合戦となり、最後の一周になって濟々黌が追いつき、一位、二位を占めると、戦勝にうかれた濟々黌の生徒側から鹿児島中学生を揶揄するヤジが飛び出し、双方、総立ちとなってにらみ合いとなった。その場は、五高生の仲裁でひとまず収まったものの、夜になって、対決が再燃した。

集団喧嘩は、町に繰り出した鹿児島中学校生が大手を振って闊歩している姿を見て、熊本の学生（校名不詳）の一人が「生意気な奴」と殴ったことが発端とされる。これを機に、あちこちで両校生徒の殴り合いの喧嘩が始まり、学校側は寄宿舎生徒に外出禁止令を出して騒乱を抑えようとするが、未明には鹿児島中学生徒が抜剣を振りかざした軍人教官を先頭に寄宿舎に押し掛ける一幕まで発生した。けが人も出た。最終的には警察が出動し「喧嘩両成敗」といったところで収まった。

当時の熊本県民と鹿児島県民の間には、西南戦争後の影響からか、歴史的な遺恨が渦巻いていた。当時の寄宿生金津正夫（のちに濟々黌教師）が学友会雑誌『多士』（五十六号）に次のような一文を寄せている。

「収まらぬのは鹿児島県人の胸中である。現場にあった獲物を持ち帰り、分捕り品として学校に保管し、何時までも敵愾心の記念とした。いったいに薩摩学生の気風は、武骨で蛮的で、善く言えば潤達豪放、磊落不羈、悪く見れば、傲慢不遜、無作法、無遠慮。交際したらいい人達かも知れぬが、一見したところ癪だ。殊に藩閥の鼻息荒き当時にあっては、官界にも、軍団にも薩長人にあらざれば人にあらずの観があったのは事実である」

どちらに非があるかはともかく、令之たちが体験した「濟々黌寄宿生と鹿児島中学校修学旅行団の衝突事件」は、濟々黌史上の一大不祥事として後々まで記録されることになった。

▽　　▽

アジアの大国、清国との戦争に終止符が打たれたのは、令之が濟々黌に入学して間もない頃だった。

明治二十八年三月二十日、下関・春帆楼では、日本の全権代表の伊藤博文、陸奥宗光が清国代表、李鴻章を迎え、第一回講和会談を開き、三十日に休戦条約、四月十七日に日清講和条約（下関条約）の締結にこぎつけた。

条約の内容は①清国に朝鮮が独立国であることを認めさせる　②遼東半島、台湾、澎湖諸島を譲り渡す　③軍費賠償金として二億両（約三億円）を支払う―というものだった。

国内は、喜びに沸き立った。このニュースがもたらされると、先生も生徒も一緒になって歓声を上げた。あちこちで祝勝会が開かれた。しかし、喜びは、まもなく失望・落胆・不満の声に代わる。満州方面への日本の影響力を警戒したロシアがドイツ、フランスに働きかけ「遼東半島の割譲は、清国の首都北京を危うくし、朝鮮の独立を有名無実にし、極東の平和を害する」と猛反対したのだ。いわゆる三国干渉である。その結果、日本は、遼東半島の返還を余儀なくされた。

ロシアは三国干渉後、清国から租借した遼東半島の大都市・大連に海軍基地（不凍港）を手に入れた。明治政府が後押しする「ロシア憎し」の世論にあおられて「臥薪嘗胆」の言葉が国民の合言葉となり、日本は、軍備拡張路線を歩んでいくことになる。

## 卒業生が関わった閔妃殺害事件

令之が在学した時代を振り返ると、熊本国権党を後ろ盾にしている濟々黌は、良きにせよ悪しきにせよ、時代の脚光を浴びた尋常中学校だった。当時は日清戦争の影響で国民の目が海外に向けられるようになり、国家主義思想が台頭する中、「忠君愛国」といった国家観念が鼓舞されていた。

濟々黌は、国策を先取りした教育を推し進めていた。創立時から清国や李氏朝鮮（韓国）で活躍する人材の育成に力を入れ、日清戦争が起きると、いちはやく臨時清語（中国語）学科の速成教習生を募っている。当時、濟々黌から六十人以上の卒業生が中国大陸に渡っている。令之が敬愛していた井手三郎も日清戦争後は海軍軍令部嘱託となり、中国・福州で漢字だけの新聞「漢字新報」の創刊準備をしている。

李氏朝鮮では、佐々友房の愛弟子、安達謙蔵（のちに代議士、内務大臣）が、盟友の平山岩彦（客員記者、のちに衆議院議員）とともに、ソウルで邦字新聞「漢城新報」を発行し、平山の推薦で編集長に小早川秀雄（濟々黌教師）が就任し、国友重章（同主筆）とともに、日韓両国語を用いる本格的な新聞を誕生させた。令之もまた、こうした中国や韓国での新聞事業の展開を耳にし、「アジアの大国・日本」に誇りを抱き、東亜への夢を広げていたことだろう。

朝鮮で変事が起きたのは、明治二十七年十月八日だった。のちに「乙未事変」と呼ばれる閔王妃殺害事件である。令之が濟々黌に入学する半年前の出来事だった。実は、この変事に触れることに頭を悩ませた。というのも、令之がかかわった事件でもないし、当時の真相を知りうる立場でもない。しかしながら『閔妃暗殺―朝鮮王朝末期の国母』(角田房子著)を始め、事件の真相を伝える数多くの著書を読むにつれ、令之を含めて、日本人が、この事件を負の遺産として背負わなければならない、そんな義務のような気持ちに追い立てられてしまった。令之が生きていたら、どんな思いで事件を受け止めたかを知りたくなる。

令之が事件の概要を知ったのは、熊本国権党の機関紙「九州日日新聞」が報じた次のニュースだったろう。

「今八日午前三時頃訓練隊第二大隊は兵営を脱し孔徳里に至り大院君を奉じて王城に迫れり　此時侍衛隊(旧式護衛兵)より聊か抵抗せしも訓練隊は直ちに押破って宮中に入れり　是よりも先き訓練隊第一大隊は兵を各宮門に配布し警備せし者の如し　我が守備隊は急を聞て王宮に赴き鎮圧に勉めたり　是が為め訓練隊と侍衛隊との衝突は極めて軽く僅か二三十発の銃声を聞きし迄にて鎮圧に帰せり　国王世とも御平安なり但し王妃の所在未だ詳らかならず……」(十月九日付)

「八日変乱の混乱中一群の暴徒は、王妃陛下の寝殿に乱入し女官と覚しき婦人三人を引き出し無残にも惨殺し其死骸は城外に搬出して焚棄てたり　而して其一人は正しく王妃陛下なるよし専ら伝説す　前宮内大臣も同時に惨禍に罹りしと云ふ」（十月十九日付）

事件の背景には、清国と日本で交わされた講和条約（下関条約）をめぐり、ロシアがドイツ、フランスに働きかけて「遼東半島の割譲は地続きである朝鮮の独立を危うくし、清国の安全を脅かし、極東の平和を害する」と主張し、日本が譲歩したことがある。このことは、対朝鮮外交上、日本の威信低下につながる材料となった。「遼東半島の領有を日本断念」の報が朝鮮国内に伝わると、大衆の反日感情は一気に高まり、閔王妃は、ロシアへの接近を一段と深めた。

当時、朝鮮は、李朝二十六代目国王、高宗の在位時代である。高宗は国王といっても傀儡的な立場に置かれ、親露派の閔王妃が高宗の父親、興宣大院君との執政権争いに勝ち、実権を握っていた。日本が三国干渉でロシアに譲歩したことは、閔王妃にとっては、ロシアに接近する絶好の機会だった。

日本の威信低下は、王宮を警備する部隊に波及した。従来、王宮警備は日本軍将校に訓練されていた政府直属の「訓練隊」と米国人教官によって育成された王室直属の部隊「侍衛隊」の二部隊に任されていたが、閔王妃は、日本の影響力を弱めるために訓練隊の解散を画策した。

こうした経緯を辿って、事件は、閔王妃が朝鮮駐在公使の三浦悟楼に「訓練部隊の武装解除を伝えた日」に起きる。三浦公使は、着任以来、閔王妃を殺害し「ロシアと朝鮮王室の密接な関係」を断ち切って、大院君を中心とした親日派政府を樹立することを目指していた。そこで三浦がやったことは、一等書記官杉村濬、大陸浪人岡本柳之助、公使館付き武官楠瀬幸彦中佐らとひそかに閔王妃殺害の実行計画を立てる一方で、漢城新報社長、安達謙蔵に「どうせキツネ狩りをせねばならぬ」と計画を打ち明け、協力を求めることだった。安達は、さっそく、最も信頼を寄せていた同志の平山岩彦に三浦の胸の内を明かし、二人は、極秘に熊本県人を中心にした壮士団を結成した。

事件の全容は、戦後になるまで明るみに出なかったが、安達謙蔵の自叙伝や発掘された資料を基に出版された数多くの著作物を参照すると、閔王妃が殺害されるまでの経過は、大筋、次のような内容だ。

三浦公使の実行計画により、竜山に結集した大陸浪人岡本柳之助や安達謙蔵ら壮士団は、孔徳里の大院君の別荘を包囲し、塀を乗り越えて門を開き、岡本柳之助が大院君に決起を促した。午前三時頃、大院君との間に交渉がまとまり、一行は、大院君を輿に乗せて出発し、安達ら民間人が各々刀などの武器を携行して前後を護衛した。西大門に到着したころ、第二訓練隊の禹範善が率いる大隊と合流、日本守備隊も駆けつけ、王宮の南正面に位置する光化門から突入した。

大院君は康寧殿そばで輿を降りた。光化門の近くでは、異変に気付いた朝鮮王朝の部隊「侍衛隊」と日本守備隊との間で銃撃戦が起きるが、大院君は、この騒擾の中、国王に謁して事変を奏上し、事態の収拾に乗り出した。

一方、安達ら民間人一行は、二つの小門をくぐり、さらに間道を抜けて乾清宮の奥殿に突入し、閔王妃の殺害に成功した。小早川秀雄著『閔后暗殺』によると、抜刀の民間人は日本兵と入り乱れ、王妃とおぼしい女性を求めて縦横に駆け巡った。……（略）……彼らは手当たり次第に捕らえた宮女の髪を握って引き回し「王妃はどこだっ、王妃のありかを言えッ」とのど元に刀を突きつけて怒号した、とある。そして閔王妃は、女官の証言から殺害された三人の女性の一人と確認され、遺体は庭に運び出され、油を注がれて焼かれてしまった。

壮士団が、閔王妃を殺害する目的を達して、景福宮を出たのは、午前八時頃である。安達謙蔵は『自叙伝』の中で次のように綴っている。

「光化門を出ると幾万の韓人が、右往左往しながら詰めかけ、暁天の銃声に驚愕し、また予等一行の異様な風に眼をみはって呆然としていた。ちょうどその頃、露国公使や米国公使が変を聞いて駆け付け、相前後して参内するのと鐘路街付近ですれ違った」

閔王妃殺害事件は、朝鮮の人々の反日感情を一段と高めた。日本政府も、三浦公使らの関与に頭を痛めた。当時の総理大臣、伊藤博文は、さっそく駐在日本公使を通じて閔王妃殺害事件が日本政府の策略でないことを各国に伝えるとともに、外務省政務局長小村寿太郎らを派遣し調査を開始した。そして日本の裁判所で事件解明に当たることを決め、三浦ら公使館関係者に帰国命令を発した。安達ら民間人にも朝鮮退去命令を出し、関係者全員を謀殺及び兇徒嘯集罪で逮捕、広島監獄へ収監した。軍関係者は憲兵隊が拘引した。

ところが、日本では、広島・宇品の埠頭に帰ってきた日本人壮士団一行を「救国の英雄」扱いし、人々が大挙して押しかけ、熱烈歓迎した。まるで凱旋将軍を迎えるようだった。広島地方裁判所予審の取り調べの結果もまた、国民を喜ばせた。三浦公使や安達ら四十三人は二十九年一月二十日に証拠不十分の理由で全員免訴、釈放されたのである。楠瀬中佐ら軍人も第五師団軍法会議で無罪となっている。

一方、朝鮮では、韓国人三人が下手人として死刑判決を受け、前年の十二月二十八日に処刑された。

閔王妃殺害の下手人は、本当に韓国人だったのだろうか。今もなお、下手人が誰だったのか、特定されていないまま、歴史の闇に葬りさられている。

令之は、当時、真相が分からないまま、閔王妃殺害は日本が朝鮮人をロシアから救う大義の為に起きた事件として、濟々黌卒業生たちの活躍ぶりを誇りにしていただろう。同期生の岡崎鴻吉はのちに「その頃の舎監には朝鮮事変に関係して広島監獄に囚われていた県人を国権党代表として見舞いに行った人や後年国権党代議士になった人もいる」(『濟々黌百年史』)と記している。

安達謙蔵もまた『自叙伝』の中で濟々黌との強い絆を記した。

「予等の監獄に収容せらるるや、郷里の濟々黌同窓会その他に於いては種々慰問方法を考え、差入れなどにも万端の手配をしてくれた。まことに感謝に堪えないことであった」

「出獄の日かその翌日には、即ち明治二十九年一月二十日か、二十一日に広島の一旗亭に於いて、予等同志に対する慰労祝賀会が開催され、熊本より出張の島田一雄君その他数名、また広島市の有志者も多数出席した。そして飲めや歌えの大陽気な祝宴となった」

閔王妃殺害事件から十四年後の明治四十二年十月二十六日（韓国併合の前年）、ハルピンで伊藤博文が韓国人青年、安重根に射殺された。殺害の動機が数多くある中で、安重根がこだわった動機は、閔王妃殺害は伊藤博文が総理大臣時代に起きた日本政府の犯罪である、ということである。

閔王妃殺害事件がいかに韓国民を激怒させ、反日感情をあおっていたかを物語っている。

朝鮮皇太子李根と結婚した李方子（梨本宮守正長女）も『歳月よ王朝よ』に書き残している。

「浪人たちは庶政の刷新を叫び、七十八歳の大院君を四人輿に乗せて景福宮に攻め入り無差別に人を殺害し、明成皇后（閔妃）を刺殺した後、石油をかけ、火をつけた……・日本の朝鮮侵略史の中でもっとも大きい罪悪である」

閔王妃殺害が、日本政府の関与かどうかはともあれ、朝鮮外交の責任者である公使が公使館、軍隊、警察、そして民間人を指揮して、朝鮮王朝の王妃を殺害した事件は、どうひいき目に見ても、国際法上、許されることではない。安重根が閔王妃殺害事件に遭遇したのは、青春多感な十六歳の頃だった。令之も同じ青春世代に閔王妃殺害を知った。令之は、その後、法律家として社会に出て、政治家として安達謙蔵や平山岩彦に師事し、政治行動を伴にしていく。

私は安達謙蔵や平山岩彦にとって、閔王妃殺害は生涯、消えることがない「心の痛み」となったと想像している。安達は、帰国命令が出た直後にソウルで開かれた送別会の席上、コップ二杯をささげてなみなみとビールと日本酒を注がせ、大口を開いて二杯同時に飲み干している。酔わねばどうにもならない気持ちに追い立てられていた。

令之にも、生きているならもう一度、問いかけてみたい。事件の全容が明らかになっている今日、あなたはどんな思いで閔王妃殺害事件を振り返っていますか―と。

# 第三章　思索と勉学の五高生時代

## 禁酒励行を訓示した桜井房記校長

明治三十三年九月、令之は、第五高等学校大学予科（第一部文科）の入学試験に合格し、念願の五高生となった。文科は、卒業後に東京帝国大学文科大学へ進学し、学者や教育者を目指すコースだった。

五高大学予科に合格した濟々黌の同期生は五十五人（浪人生は除く）。前年に比べて、大幅に増えた合格者数だった。このうち文科進学は六人で、親友の続有節（帝国教育会事務長）も一緒に合格した。法科へ進学したのは、二十五人。この中には三菱の大番頭と呼ばれるようになる山室宗文（三菱信託取締役会長）をはじめ、辛島知己（熊本市長）、新開諦観（八幡市長）、鈴木秀人（大阪控訴院長）、中島為喜（細川家家扶、熊電専務取締役）らがいた。また十四人が第二部の工科、農科、理科へ進み、十人が第三部医科に入学した。理科組には、友人たちから変わり者扱いをされていたサンゴ博士、木下熊雄（東大教授）もいた。このほか、工学部（機械工学科、土木工学科）に十三人、長崎医学部にも三人が合格した。

五高進学者が前年に比べて大幅に増えたことは、濟々黌にとってうれしいニュースだった。当時、五高は、京都の三高が明治二十七年の高等学校令公布により、一時的に予科コースが廃止されたため、全国各地から五高に優秀な生徒たちが集まっていた。こうした影響もあって、濟々黌からの進学者数が減少し、学科によっては、福岡の修猷館中学校を下回ることもあった。教育関係者から「濟々黌は、熊本県下の唯一の尋常中学校でありながら、福岡に負けるとは何事だ。濟々黌の教育が武道など尚武に力を入れるあまり、勉学を軽視しているからではないか」と危惧する声も上がっていた。

事実、五高法科生の卒業者状況をみると、前年は、熊本出身者は六人。これに対して、福岡県出身者は十人、文科は、熊本出身者がわずか一人で、あとは県外出身者だった。それだけに濟々黌出身者の五高合格者数が前年を上回ったことは、肥後文教界にとって「教育県・熊本」の復活であり、待ちわびていた知らせだった。

濟々黌から軍関係学校へ進学する生徒も多かった。山室宗文の双子兄弟、宗武（陸軍中将、陸軍士官学校長）ら二十三人が陸軍士官学校へ、四人が海軍兵学校に合格した。いずれも軍国少年たちがあこがれる難関の学校であり、濟々黌の名声を高めた。

黌長の井芹経平は上機嫌だっただろう。生徒の学力低下がささやかれる中、教育方針「三綱領」の下、教師陣のレベルアップに努め、文武両道の教育を推進した成果が実ったからである。

令之たちが卒業した春、濟々黌は、第一濟々黌と第二濟々黌と二校に分かれ、井芹が第一濟々黌校長、教頭格の野田寛が第二濟々黌の初代校長に就任した。両校は、その後、「一幹二枝」という特別な関係を維持しながら、第一濟々黌が熊本県中学濟々黌へ、第二濟々黌が熊本県熊本中学校になり、濟々黌の分校だった山鹿、八代、天草も独立して熊本の県立中学校となっていく。肥後文教界に佐々友房が掲げた教育方針が井芹と野田に引き継がれ、熊本独自の教育体制が出来上がった。

卒業後に開催された濟々黌同窓会は、例年以上の盛り上がりを見せた。令之たちは教師から「よく頑張った」と祝福の言葉をかけられ、スルメ等を肴に祝杯を上げたことだろう。今日から見ると、高校二年生の世代が教師と飲んでいることであり、驚くべきことかもしれないが、当時は、当たり前の風景だった。長崎県平戸中学校猶興館（当時）では、祝日に校主から贈られた四斗樽（二本）を割って、校長、教師、生徒が一緒になって酒を飲み、吟じることが伝統行事だった。

五高の入学式は、明治三十三年九月十二日午前九時から雨天体操場で挙行された。新旧の学徒たちが南北に相対して整列、教職員たちが参列する中、第六代校長、桜井房記の訓話が始まった。令之らは背筋を伸ばし、胸を張って耳を傾けた。しかし、途中から「これは大変なことになった」との思いがよぎってきた。
桜井校長が壇上から一方的に禁酒の励行を呼び掛けたのである。
「飲酒のことに就き、特に一言して置きたい。これは新入の生徒諸子は勿論のこと在来の生徒諸子もよく聴き且つ十分に決心をして貰はなければならぬ。本校は自今学生の飲酒は止めさせる方針である……学生中に酒を飲むことは百害ありて一利もない」「学生の風紀紊乱は大部分酒に基因すと云ふも敢て過言ではない。或は政府は法令を以て学生の飲酒を禁ずる事がないとも限らぬ。又学校も規則で禁酒を命ずる場合があるかも知れない……（略）……諸子はこの際決然飲酒を止むるがよろしい」

（『龍南会雑誌』（八十一号）より）

桜井校長の口調には気負った風もなく、熱弁を振るうわけでもないが、禁酒の徹底を目指す断固たる姿勢には圧倒された。以後、学校では飲酒禁止を徹底させるために保護者または保証人に対しても学校の方針を伝え、生徒の禁酒に協力を求めた。翌年の入学式では、飲酒禁止の方針が、さらに厳しくなった。新入生徒総代に禁酒の宣誓文を朗読させ、新入学生徒全員に式場を退場する際に次のような宣誓簿の署名を強いた。

一、　校規幷ニ示達ヲ確守シ師長ノ訓諭ヲ服膺《よう》スル事
二、　苟モ学生ノ體面ヲ汚スカ如キ行為ヲナサルル事
三、　猥ニ退学ヲナサルル事

四、在学中ハ決シテ飲酒セサル事
生等謹ミテ右ノ条項ヲ遵守シ決シテ違背セサランコトヲ誓フ依テ茲ニ姓名ヲ自記ス
明治三十四年九月十二日

どうしてこんな事態を招くことになったのだろうか。桜井校長が禁酒を決断したのは「豪傑連中が武夫原で月見草を眺め、一升徳利を下げ気焔を上げ勢いの赴くまま乱暴を働いた」ことがきっかけとされている。五高では、日清戦争前後から、関西地方から転入した生徒が急増したこともあって、五高伝統の校風「剛毅木訥」に対する意見が衝突したり、県民気質の違いや根強い藩閥意識が昂じて、集団喧嘩や鉄拳制裁事件がしばしば起きた。

例えば、習学寮では、寮の運営をめぐり、酒に酔った濟々黌の天草分校出身の生徒が鹿児島出身の寮室長に制裁を加え、これが火種となり、熊本、鹿児島両県出身者の集団喧嘩に発展している。桜井校長が学園の秩序を守り、伝統的な剛毅木訥の校風を健全に発展させるために不祥事の元凶となる「酒」をなくそうとしたのも頷けるところである。

風紀も乱れていた。学友会雑誌には、次のような記事も掲載されている。

「通町邊、帽を被らず、袴を着せずして夕暮軒下を通ひ行ものは如何なる生徒か、紺屋町上、ステッキを携へ、黄八丈の下着に黒紋付の羽織を着し、三々五々揚揚として南下するものは何處産の如何なる倶楽部を有するものに多きか」（龍南会雑誌（七十七号）より、風聞録）

「今や吾人寮内諸賢の歌謡を聞くに及んで、亦等しく吾校にも不健全なる空気の輸入せられた

る無きかを恐るるものなり」同（七十八号より）

こうした記事を読むと、桜井校長が禁酒を断行して、生徒の堕落を阻止しようとした気持ちも分からないでもないが、一方的な飲酒禁止の断行は、現代ならば大学生たちに抜き打ち的に禁酒を求めるようなものである。当時の社会風潮もまた、今日よりもはるかに飲酒に寛大だった。

当然のことながら、禁酒方針は不評だった。五高では初代校長の野村彦四郎が「酒も飲めないような男は国事を談ずるに足らず」と豪語したと伝わっており、事があれば、酒を飲んで士気を高めていた。生徒たちは教師宅を訪問して禁酒撤回の運動をしたり、『龍南会雑誌』を通じて卒業生の意見（赤門たより、京都たより）を掲載したり、いろんな抵抗を試みた。

『龍南会雑誌』に掲載された漢詩「燗瓶三嘆聲」も、その一つである。そこには「物置に泣くものあり、就いて之を見れば燗瓶なり……略……運動会あれば則ち聘せられ親睦会あれば則ち招かる　而して今や孤影悄然日に家鼠と居る」（原文漢文）と書かれている。

この漢詩は、令之の濟々黌先輩、田嶋勝太郎（八幡市長）が雑誌部員の立場から友人の柳井秀岳（明治三十四年卒の柳井幸弘の筆名）に作詞を依頼し、掲載した、と言われている。

「学校内では駄目でも山ではよかろう」と金峰山（熊本市の西方）に集団で登り、山上で酒盛りをし、一升徳利を枕に一夜を過ごす元気者もいた。

令之が二年生の時には、各部対抗ボートレースの打ち上げで先輩から飲酒を勧められた一年生、田澤義鋪（貴族院議員）が退学処分を受けた。これには同級の後藤文雄（内務大臣）らが処分撤回運動に奔走し、教師たちも応援して、復学に成功した。田澤は、のちに青年教育に情熱を燃やし、青年団育ての親として敬愛されているが、後藤と田澤の二人の関係は、飲酒禁止がもたらした友情物語として、後々まで五高生たちに語り継がれた。

禁酒に反対したのは生徒だけではなかった。濟々黌教師でありながら、五高で鉱物学を担当していた篠本二郎は、自宅に遊びに来た生徒たちにビールをふるまって気炎を上げた。これには桜井校長も腹を立てたのだろう。翌日、篠本を校長室に呼びつけるが、篠本の言い分が振るっている。

「禁酒の主旨は充分心得ている。その日は生徒たちが非常に愉快そうであったから、何か御馳走をしたいと思ったが、酒は駄目だし、やむを得ずビールを出した。ビールが酒であると解釈さるれば今後止めるが、校長の考えは如何であるか」(『五高人物史』より)。これには桜井校長も態勢を整えるのにひと苦労したことだろう。

「飲酒禁止令」は、後任の第六代校長、松浦寅三郎(のちに女子学習院院長)の手で明治四十年八月に解除されているが、五高で繰り広げられた飲酒禁止をめぐる校長と教師のやり取り、生徒たちの造反ぶりを見ると、厳格な学園生活の中にも、どこかおおらかで、ユーモアに満ちた雰囲気がある。

当時、生徒たちに流行っていた歌がある。

——竜田山から飛び立つ鳥は、鳥は鳥でもオハラハラ天下取り　竜田五高は不思議なところ月

が照るのにオハラハラ雨が降る　白の三条は伊達には巻かぬ魔除け虫除けオハラハラおんなよけ
竜田山から寄宿舎みれば中にゃ勉強するオハラハラ馬鹿もいる　勉強する奴は頭が悪い勉強せぬ奴はオハラハラ尚悪い　女人禁制の五高の庭に誰が植えたかオハラハラ姫小松

なんとなく手拍子を打ちたくなるような歌である。将来は「大臣か博士か」と大いなる野望を抱いて、青春を沸騰させる「未完の大器たち」の心意気が伝わってくる。

## ドイツ人教師の官舎で書生暮らし

「旧制高校は、明治三十年代から大正前半期にかけて、最も安定し、教育内容、気風、伝統形成の上で、最も充実し、古典的な完成を見せた時期である」――旧制高校研究家として足跡を残した高橋左門の言葉である。

令之が入学した明治三十三年、岡山に第六高等学校が生まれ、明治三十四年には鹿児島造士館中学校が第七高等学校として復活、さらに明治四十一年、名古屋に第八高等学校が誕生した。これにより、旧制高校は、ナンバースクールと呼ばれる八つの高等学校がそろい踏みする。

併せて、高校に付設されていた専門学部が高校から切り離された。五高医学部が明治三十四年に長崎医学専門学校（長崎大学医学部の前身）になったのをはじめ、第一から第五高等学校までのすべての高等学校の医学部が分離独立し、医学専門学校になった。また第三高等学校（京都）の法学部、工学部は廃止され、五高工学部もまた熊本高等工業専門学校（熊本大学工学部の前身）になる。

こうした高等学校の変容は、帝国大学進学を目指す生徒たちにとって朗報だった。高等学校が、大学予科一本の状態となり、学科も帝国大学の学部・学科と連携され、高等学校を卒業すれば、ストレートで東京帝国大学、あるいは明治三十年に創立された京都帝国大学（法科大学発足は三十二年）に進学できる道が開かれた。

生徒たちは、落第しても、卒業すれば帝国大学に進学できる。寮生活を送りながら、談論風発、自由と自治を掲げ、弊衣破帽のバンカラ青春を謳歌できる。別な表現をすれば、教師も生徒も一緒になって「未完の大器」を大きく育てる、そんな旧制高校の教育環境が整った。

だが、いろいろと課題もあった。五高では、飲酒禁止下、三高から関西出身の生徒が大量に転入してきたことに加え、入学試験制度が総合選抜入試制度に代わり、第一志望だった一高に合格できずに関東や東北からやってきた生徒たちもいた。寮内には、一高に入学できなかった無念さからか、一高寮歌「ああ玉杯に花うけて」を歌う生徒もおり、九州出身の生徒たちの神経を逆なでした。九州出身の生徒にとっては、一高のライバル校として、先輩たちが創立以来、築き上げてきた伝統の校風「剛毅木訥」のピンチという危機感があった。飲酒禁止に伴う生徒間のトラブルが多発したのも、こうした背景がある。

一方、校風論議は盛んになった。『習学寮史』を読んでいると「死せる平和から活ける平和へ」「死せる平和を打破せよ」といった言葉も飛び交っている。五高独特のバンカラ校風が形成されていく学校の様子がリアルに見えてくる。

「習学寮は、一つの家庭の如し、家庭が祖先の偉業によりて一家の歌風を有するが如く、我が習学寮も又先輩の尽力に依りて多くの寮風を有せり……」――これは、桜井校長が「習学寮」の入寮式で訓示した言葉である。

令之の胸には、重たく響いた。というのも、令之は、濟々黌在学中に父親虎八の死を経験し、家督を継いで一家の主《あるじ》の立場になった。祖先の偉業を守りながら、小山家という一家の家風をどう築いていくかは、寮の在り方を模索するのと同じように難しく思えたことだろう。自分にできるだろうか―。

虎八は、明治三十年二月二十日、五十四歳で死去した。その前年の明治二十九年九月に耳が聞こえなくなり、奥古閑海路口組合村長を自ら辞任していた。

虎八の辞任・死去は、地域にとって大きな出来事だったが、令之もまた新たな局面に立たされた。学生生活を続けながら、小作農家を抱える地主の一人として、家業を守らなければならない。母親の照は、気丈に令之を励ました。「家のことは心配しなくてもよい。しっかり学問に励みなさい」「男として恥ずかしくない生涯を送らなければなりません」

令之は、勉強だけではなく、剣道上達を志し、友人の続有節と一緒に剣術部に入部した。十一月十日の秋季紅白試合では、白軍で戦い、二人を勝ち抜いてきた赤軍の上級生二人を小手、胴、面と見事に討ち破った。試合後に優勝者として名誉の賞牌を授与され、続有節とともに、三級乙に昇進できた。寒げいこにも熱心だったようで、皆勤賞を授与されている。

剣道に熱中する一方で、頭から離れなかったことがある。実家の期待にどうしたら応えることができるだろうか、ということだった。令之は、自由奔放にバンカラ青春を謳歌する仲間たちと自分の置かれた立場の違いを意識しないではおられなかった。奥古閑の自宅に帰れば、保守的な風土の中、地域の若者として政治的にも社会的にも大きな期待を背負わされる。

令之は勉学に励んだ。中でもドイツ語学習には力を入れた。文科生にとっては、第一外国語として履修しなければならない必修科目である。先輩からは「大学ではドイツ語を高校時代に習得していなければ、講座についていけない」といったアドバイスを受けていた。

令之がドイツ語習得に情熱を燃やすきっかけになったのは、十月に着任したドイツ人教師フランツ・アブラハム（ドイツ語会話担当）に魅かれたこともある。

アブラハムは、堂々たる体格、だぶだぶのビール腹、そして鼻の下にはカイゼル髭と呼ばれる、きりっとした髭を生やしていた。当初、生徒たちは名前にちなんで「アブラムシ先生」とあだ名をつけたが、温厚な人柄、風貌に人気も集まり「さすがはカイゼルの国の人」と敬愛した。「アブラムシ先生」のあだ名も返上した。

武道に関心が高かったようで、紅白剣道大会で鮮やかな竹刀裁きを見せた令之の活躍に惜しみない拍手を送ってくれた。

五高記念館の資料によると、アブラハムはベルリン生まれ。ベルリン大学哲学科で、フランス語、プロヴァンス語、スペイン語、イタリア語を習得したほか、ゴート語、アングロサクソン語、英語を学び、ハレ大学で哲学博士の学位を受け、さらにラテン語、ギリシャ語を学習した。まさに語学の天才である。

さらに語学習得後は、法律学を研究し、その後、予備士官として、フリードリヒ・ウィルヘルム四世グレナディール第二連隊付を命じられ、軍隊生活を送っている。

ドイツでは、九年間のギムナジウムを経て、卒業試験に当たる大学入学試験に合格、さらに学位取得後に一年間の軍務を志願し、予備士官の肩書で官僚や弁護士、大学教授などの仕事に就くのがエリート層のコースだった。アブラハムは、まさにドイツの典型的なエリート層に属していた。令之には、アブラハムが理想的なコースを歩いた目標の人物となった。

そんなアブラハムが、どんな経緯で五高に赴任することになったのか、令之がどんな縁で親密な関係になったのかは、分からないが、令之は一年生の時に寮を出て、アブラハムの書生になり、官舎に住み込んだ。アブラハムは、明治三十四年七月には退職し、五高教師の在職期間は、僅か九カ月と短かった。令之は、アブラハムが熊本を去ったあと、寮には戻っていない。下宿生活を始めたのだろう。

『龍南人物展望』（吉田千之著、昭和十二年、九州新聞社刊）は、令之の五高時代の様子を次のように紹介している。

「政界人から満州の開拓者へと、転向したものに小山令之がある。熊本県飽託郡奥古閑村の産で、五高時代には、フランツ・アブラハムと云ふ独人教師宅に住み込んで、みっちり語学を勉強したから、独逸語の達者なことは驚くばかりであった。八高の教授をしている岡部次郎は英語の天才で遠山参良の愛弟子、この二人は文科に於ける語学の花形だった」

## 五高仏教青年会を立ち上げ

もう一つ、令之の消息を伝える記録がある。雑誌『龍南』（大正十年二月発行）に掲載された「第五高等学校仏教青年会沿革」によると、令之は、明治三十五年に、新開諦観、続有節らと協力して、大日本仏教青年会熊本支部の面目を一新し、五高に「五高仏教青年会」設立の基礎を固め、堅実な活動を始めた、とされている。

同支部には、当時、五高から令之ら四十九人（うち工学部生二人含む）が会員として参加していたほか、濟々黌など尋常中学生徒が七人、工業学校一人、浄土宗第八教区学校生徒四十七人がメンバーとなっていた。会員数が百人を上回る大勢力だった。

同支部の沿革を見ると、明治二十五年夏、のちに五高教授となった村上龍英、山口高三郎（略歴不詳）ら当時の五高生たちが奔走して創設し、熊本市の浄行寺で、毎週土曜日に例会を開き、精神修養に努めていた。明治二十七、八年頃には、村上が五高を去り、山口らの尽力で、毎年四月に釈尊降誕を祈念する盛大なる講演会が開かれた。

令之らが目指したのは、同支部を発展させ、五高生による、五高生のための仏教活動組織を創設することだった。こうした令之らの願いは実り、明治三十七年九月に、「大日本仏教青年会熊本支部」の名称が「五高仏教青年会」と変わり、学内で活発な活動をすることになる。

令之たちの時代は、多くの生徒が宗教に関心を示している。何故だろう。答えは当時の社会風潮にある。令之の五高在学中は、日本の資本主義が急速に発展する一方で、社会矛盾が浮き彫りになった時代だった。同時に封建的な古い思想が衰退し、学生や生徒たちがモラルの根底となる新しい思想を求めていた時代に入っていた。

自然主義、個人主義、ロマンチシズム、ニヒリズム、そして社会主義、まさに多種多様な主義や思想が渦巻いていた。こうした時代に生徒たちの胸に浮かんでくることは「人は何のために生きているのか」――そんな言葉であったろう。そして煩悶の末にたどり着く先が「宗教は新しい人生観を切り開いてくれるのだろうか」ということだったのかもしれない。

明治三十五年七月に発行された『龍南会雑誌』を見ると、五月三十日に演説部が主催して、仏教界の重鎮として名声を轟かしていた八淵蟠龍や弘中唯見を招いて講演会を開いている。

八淵の講演題名は「人間完全の生活」、続いて弘中が立ち上がり「我教の本領」と題して「近来、宗教の堕落を説くものが多い。上下貴賤を問わず、挙げて皆仏教に冷淡である。或いは国家に益なしと称して之を顧みようとはしない。併し、私は其の益を考えて仏教の改革に力を致すのは義勇ある日本人の義務である……宗教の本領は客観よりも主観に、主観よりも客観に、凡より佛に、佛よりも凡に至るものであって、佛即衆生、衆生即佛である……」と熱弁を振るった。弘中の講演には、五高生たちが感銘を深くした。同雑誌は「場に満ちた聴衆は、氏の痛快な壮烈な弁舌にさながら酔うたかのように只感に打たれて恍惚として居ったが、やがて思い出したように場も破れよと喝さいした」と感想を記している。

こうした演説会の数々は、令之たちの仏教青年会活動を一段と加速させたに違いない。令之は、父親がかつて大慈禅寺の檀家総代をし、住居も菩提寺の海蔵寺と隣接し、住職との縁も深く、子供の時から仏教に関心が深かった。さらに井手三郎が、八淵や弘中が熊本から発行していた雑誌『国教』の執筆者として活動し、明治二十四年に中西牛郎とともに京都から雑誌『九州佛教軍』を発行して、新仏教運動を展開していた。令之にとっては、大きな刺激になっていた。

もう一つ、令之の支部活動に見られる特色は、キリスト教団体に対抗する仏教会再生運動だったことである。当時、五高には夏目漱石が英語主任教授時代に招聘した、非常勤講師ブランドム（宣教師）や後任の英語主任教授、遠山参良の影響で、五高キリスト教青年会組織「花陵會」を中心にキリスト教の伝道活動が活発だった。生徒たちが開催する講演会には、海老名弾正らが駆け付けて、生徒たちに感銘を与えていた。

こうしたキリスト教伝道活動を令之がどのように受け止めていたかは、分からない。父親虎八の影響からキリスト教活動に仏教徒の立場から対抗意識を燃やしていたのだろうか、それとも曹洞宗への関心にとどまらず、多くの宗派に興味を抱いていたのだろうか。

井手三郎は「宗派を超えて、宗教界が一体となり、古来の仏教文化を発展させよう」と主張していた、と伝えられているが、井手が執筆していた雑誌『国教』は、井上哲次郎（東大教授）が、熊本県下で発生した七件の「不敬事件」を取り上げて、「キリスト教は国体になじまない」と糾弾する論文を掲載している。

## 政治学習の場「模擬国会」――文科から法科目指す

令之は三年生になった。友人の続有節と一緒に大日本仏教青年会熊本支部に参加し、五高に仏教倶楽部を立ち上げる活動をする傍ら、翌年夏に進学する帝国大学で何を学問に選ぶのか、真剣に悩んだ。熊本市内の寺の息子に生まれていた続有節は、文科生の進学コース、東京帝国大学文科大学へ進み、哲学を学び、教育者になると話していた。

このまま文科から帝国大学文科大学へ進むべきか、それも法科に転じて法科大学へ進学する方が良いのか――。周囲を見回すと、政治家や官吏、法律家の道につながる法科を希望する文科生が増えていた。

文科の先輩が学友会雑誌に掲載した寄稿文も気になった。

「文科から法科への転科生が多いのに驚いた。ドイツ文科なんか桂君（卒業者名簿には非掲載）一人踏み止まった。兎に角文芸の趣味のないガリガリ君なんざ文科へ始めから来ない方が其人の為だ。ヤレ独文科は落第が多いから止すの、文科を卒業しても中学教員で一生を埋もれねばならぬかなど気にするような人は到底頭から文科向きには出来て居ない。一生中学教員で暮らし、また落第の五六回はいとひませんといふ元気がなけりゃ駄目だ。人前で演説がしたくば、救世軍へ入り給え。コスメチックをつけて二頭立ての馬車にのり給え。俗悪なる趣味を有する社会から歓迎され度くば、幇間になり給え。何も高い授業料を拂って法科へ入るにも及ばぬ」(『龍南会雑誌』(明治三十六年三月発行)より)

令之は、純朴な田舎の青年である。この一文に胸の中によぎる不純な心の一部を見透かされたような思いをしたかもしれない。とはいえ、得意のドイツ語を生かして、独法を学ぶために法科へ転科したい、そんな気持ちも抑えることができなかっただろう。

法科生たちが開催した「模擬国会」も、令之の心を揺さぶるイベントだった。三年に進級してから一カ月も経ったろうか、そんなある日、五高習学寮の掲示板の前に生徒たちが群がっていた。行って見ると、法科生懇話会による模擬国会開催の予告掲示である。そこには黒板に「模擬国会、政府提出地租税継続案」と記され、大きな筆字で内閣各大臣の役割が書かれた紙が貼り付けられていた。

模擬国会が集会場「瑞邦館」で開かれたのは、明治三十五年十月二十五日夜である。この日の朝、国内では新聞が帝国議会の召集日(十二月六日)を報じた。争点は、桂内閣が提案する「地租税増徴継続法案」の取り扱いだった。ロシアとの開戦に備え、海軍の軍備増強を図る財源として、二年後に期限切れとなる地租税増徴を十年間継続することが良いかどうか、国民の関心は高かった。この法案をめぐっては、地主勢力を支持母体にしている政友会（伊藤博文総裁）が反対し「海軍力増強の予算は、行財政の経費節減で捻出すべきである」と主張していた。議会の紛糾は、必至の情勢にあった。

法科生たちの模擬国会の議案も同じである。国会審議に先駆けたホットなテーマだった。傍聴席は生徒たちでぎっしりと埋まった。令之も、文科の生徒ながら、家督を継いで、農家経営をしている地主の立場である。当然のことながら、審議の行方に関心があった。

『龍南会雑誌』（九十五号）は、学内の盛況ぶりを次のように記している。

——議会開会の当夜となって、瑞邦館には一部生は無論、他の部の諸氏も、ひしひしと押しかけられて、吾が輩が入校以来、実に是れ空前の盛会だ。時刻ともなって、各大臣も着席、政府反対党と、政府党との席も定まって、議長は開会を報じた。所謂未来の大臣と所謂未来の議員とが空論横議の活劇の幕は今や切って落された……。

まるで講談が始まるかのような書き出しだが、議場では、総理大臣役の佐藤適（佐賀県出身）、外務大臣役に咲花一二三（広島県出身）、大蔵大臣役、花田大五郎（福岡県出身）ら各大臣役、与党議員役の生徒たちが緊張した表情で着席していた。

令之と仲の良い法科生、山崎達之輔（福岡県出身）は、大臣ポストに就いていなかった。山崎は、前年二月に開催された法科生主催の模擬国会の場で書記官長役を務めたものの、大臣ポストに就けず、その悔しさから郷里に帰るたびに、提灯を持って田んぼに出かけ、大声で演説の稽古に励んでいた。今回も大臣ポストの座を友達に譲ったのだろうか。

　模擬国会は、議長の開会宣言で始まり、大蔵大臣役の花田が法案を説明し、与野党の質問に入った。当初は演壇で「本大臣は……」と切り出す口調もなんともきまり悪そうだったが、議事が進むにつれて、議場は白熱した。そして野党側が最後の手段として、多数勢力をバックに政府不信任案を議決しようとした時、政府側から間髪を入れずに大詔を渙発、議会は解散となった。会場は騒然となった。

　本物の帝国議会十二月議会も五高の模擬国会と同じような展開だった。桂内閣が「地租税増徴継続法案」を提案し、政友会が猛反対した。そして委員会で否決され、本会議でいよいよ不成立が見込まれる段階で、詔勅がくだり、衆議院は一時停会、解散へ動いた。その後の推移をみると、桂首相は、翌年一月二日に地租増徴継続を引っ込め、海軍拡張費用を鉄道建設費で賄う妥協案を閣議決定した。

「地租税増徴継続」に国民の関心が集まっていた背景には「ロシア憎し」の国民感情があった。日清戦争後の三国干渉により、やむなく遼東半島の返還に応じた日本だったが、韓国（大韓）の利権をめぐって、ロシア側の譲歩をひそかに期待する声もあった。

　ロシアの対応は違っていた。清国政府が「扶清滅洋」を唱える義和団勢力に圧され、日本や列強諸国に仕掛けた「北清事変」に敗れるや、ロシアは満州を事実上占領し、清国政府に独占的権益を承認させてしまったのである。

日本にとっては、許すことができないロシアの暴挙だった。このままロシアの思うように任せたら、満州はロシアの手に渡り、陸続きである朝鮮半島における日本の権益も脅かされてしまう、そんな危機感が国内に広がった。

こうした中、桂内閣が手を打ったのが「日英同盟」の締結（明治三十五年一月三十日）である。締結内容は①日本が清国や韓国に有する権益が他国から侵略された場合は、両国で利益を護るために適当な措置をとる②その利益を護るために第三国と戦争になった場合は、締約国は厳正中立を守る③その戦争の相手国がさらに他の国と同盟する場合は、日英が共同して戦闘に当る、というものである。ロシアと戦うための軍事同盟だった。イギリスも又、不凍港を求めて南下政策を進めるロシアの極東政策に危機感を抱いていた。

日英同盟は、日本に大きな自信と野望をもたらした。ヨーロッパの如何なる大国とも同盟を結ばなかったイギリスが光栄ある孤立政策を捨て、日本と一緒にロシアへ対抗することを鮮明にしたのだから、自尊心もくすぐられる。国内は沸き立った。

五高をはじめ各地の高校では、当時、模擬国会や演説会、討論会がしばしば開催され、生徒たちの政治的関心を一段と高めた。文部省や学校側も、帝国大学へ進む生徒たちを国家の双肩を担うエリート（国家リーダー予備軍）として位置付け、「政治学習の場」づくりを奨励した。『旧制高等学校全書』（第八巻）は、当時の様子を次のように記している。

――明治から大正期にかけて、高等学校では、擬国会（模擬国会）がしばしば開催された。これは国会を模した全校的な演説・討論会であり、議案の提出・審議・採決等の取り扱いや手続きは実際の国会のそれに則り、参加者は、議長・議員・政府側の各大臣、委員等にはすべて教授、生徒等校内関係者を以て当て、時には外部から大学教授、弁護士、官吏、新聞記者等を招き特に必要な部署に当てた。新興近代国家日本の、その指導者予備軍たる態勢と意識を以て、国の最高意思決定機関たる国会の討議を模したこの行事は、当時の高等学校生の国並びに社会の実際問題、すなわち時務に対する認識と判断を修練する場でもあり、またエリートとしての自己顕示の典型的なイヴェントであり、デモンストレーションでもあった。

五高では模擬国会に教授の参加を求めたり、外部から講師を招くこともなかったが、討論会や演説会には、教授、助教授が積極的に出席し、討論に参加した。令之の卒業が五カ月後に迫っていた明治三十六年二月の討論会を見ると、教授五人、講師一人が出席し、議題は「二年兵役の可否」である。討論は、積極論者四人、消極論者四人に分かれ、いずれも教授、講師が二手に分かれて、論戦を戦わせている。

法科生懇話会のテーマは「日露戦争開戦の可否」だった。ここでは開戦反対の主張に対して、日清戦争当時の国情を踏まえ「今日の紊乱せる内政を日露戦争によって整理すべきだ」との声が上がる一方で、討論会終了間際に、「議長」と叫んで「露国が朝鮮に構えた事件の表面より裏面を見よ、軽々に開戦があってはならない」と非戦を訴える生徒もいた。日露戦争の可否をめぐる論争は、令之にとっても、無関心ではおられなかった。

最終学年を迎えた令之にとっては、どうしたら周囲の期待に応えることができるかは、厄介な課題だった。文学、哲学、歴史といった学問を修め、学者あるいは教育者としての道を歩くことが、今の自分に許されることだろうか、そんなことを考えていると、眠れない日々もあった。

令之の目には、父親の虎八が生前、熊本国権党の影響下、地域住民の期待と信頼に応えながら、奥古閑村の村長として奮闘していた姿が焼き付いていた。帝国大学を卒業したら、故郷に帰って、政治家として厳しい生活環境にある農村の発展や開発のために力を尽くしてほしい、そんな期待の声も耳にした。尋常小・高等小学校時代に修身の教科書で学んだ米国大統領アブラハム・リンカーンの偉人伝を思い出したこともあっただろう。貧しい村に生まれ、弁護士となり、米国民から敬愛される政治家となったリンカーンは、子供のころからのあこがれの人物だった。

東亜の将来にも夢を膨らませていた。済々黌を創立した佐々友房は、中国や朝鮮半島で活躍する人材育成に力を注ぐ一方、熊本国権党の政治家として、日本外交の課題である対露交渉の在り方をめぐり、政府に大きな影響力を発揮していた。令之が慕っていた井手三郎は、明治三十年に清国・福州にわたり、漢字新聞『漢字新報』を発行、さらに翌年に近衛篤麿公爵が東亜同文会を創設すると、上海で支部長に任命されていた。東亜同文会は中国大陸で展開するアジア主義的な政治、文化活動の拠点であった。東亜同文会は、明治三十三年に「国民同盟会」の母体となり、国民同盟会は、三十五年に入り、ロシアへの強硬路線を展開する「対露同志会」（のちの講和問題同志会）へ発展していた。

令之にとっては、三十六年六月二十四日に東京帝国大学法科大学教授、戸水寛人博士ら七博士（一人は学習院大学教授）が、政府検討の「満韓交換論」に反対し、日露開戦を念願する建議書を公表したことも衝撃的な出来事だった。非戦論を展開していた幸徳秋水が六月十九日に『萬朝報』に「開戦論の流行」――「露国征伐論が依然として我が国民の間に流行して、殆んど輿論であるかのように見受けられる。しかし、その實輿論でも何でもない。多くの主戦論者のために扇動挑発せられたところの一種の流行に過ぎぬのである」という記事を載せてから、五日後のことである。

世論は、戸水寛人博士ら七博士の建議書を契機に一気に対露主戦論に傾斜した。日露開戦というシグナルが、国民に次第に伝わっていた。政治学者河上肇の言葉ではないが「鐘が鳴る鳴る鐘が鳴る　どこかでかすかに鐘がなる」――そんな言葉が頭に浮かんでくるご時世だったろう。

令之もまた、戸水博士の主張に共鳴して、東京帝国大学文科大学志望を変更して、戸水が教授をしている帝国大学法科大学への進学を最終決断したのではなかったろうか。

# 第四章　東京帝国大学と日露戦争

## 青雲の志を抱いて法科大学へ進学

学者、教育者を目指して五高文科に在学していた令之は、一転、法科を目指し、明治三十六年九月に東京帝国大学法科大学に入学した。大学の名称は、三十年の京都帝国大学創設に伴って、帝国大学から東京帝国大学と改称されていた。

名称変更によって、大学自体の制度、組織になんら変更はなかったが、帝国大学と高等学校の制度的なつながりは、京都帝国大学の設立後に一段と安定し、強化されていた。

前にも触れたように第三高等学校は、明治二十七年の高等学校令公布で廃止の憂き目に合っていた大学予科が復活し、専門学部の法学、工学部が廃止された。井上毅が目指した専門学科中心の高等学校が、大学予科中心の高等学校に変わり、高等学校は帝国大学へエリートを送り出す予備門として位置付けられた。このことは、高等学校（大学予科）を卒業すれば、東京帝国大学か京都帝国大学へストレートで進学できることを制度的に保証したものである。高等学校の増設も進んだ。三十三年に岡山に第六高等学校、三十四年に鹿児島に第七高等学校、そして四十一年には名古屋に第八高等学校が設立されている。

一方、高等学校に設置されていた専門学科は、岡山に所在していた第三高等学校の医学部が第六高等学校の設置促進につながったほか、三十六（一九〇三）年の専門学校令の公布によって、第五高医学部が長崎医学専門学校（現在の長崎大学医学部）に代わったのをはじめ、五つの高等学校に設置されていた医学部が専門学校として独立した。第五高等学校工学部は、三十九年に熊本高等工業学校（現在の熊本大学工学部）となった。これを最後に高等中学校時代から高等学校に付設されていた専門学部はすべてなくなる。

令之たちは、無試験だった。当時の法科大学の志願者数を見ると、初めて卒業者を出した第六高等学校を加えた六つの高等学校の志願者数を合わせても、東京帝国大学、京都帝国大学の定員数の範囲内にあった。このことは、高等学校を無事に卒業すれば間違いなく、東京、京都のいずれかに入学できることを意味していた。

背景には、高等学校側が、生徒たちの希望や大学側の要請に応じて、志願者を振り分けたこともあるだろう。令之のような文科生もまた、法科を志望すれば、大学側と高等学校側の連携によって希望をかなえることができた。

『東京大学百年史』によると、明治三十六年度の法科大学の講座数は三十。教授は二十二人（兼任者三人を含む）、助教授八人、そして学生総数（選科を除く）は、千百十六人（法律学科七百十九人、政治学科三百九十七人）である。

このうち、令之たち新入学者数は、法律学科が百七十九人、政治学科八十八人。両学科とも、入学者数と志願者数が同じである。入学者の平均年齢は、二十一歳五カ月だった。

令之は、どんな思いを胸に抱いて、東京へ向かったのだろうか。令之の前途を祝って、親しい人たちが大きな莚旗を掲げて見送りをしてくれた、との話も残っている。

令之は、和服に下駄をはき、大きな鞄を下げて、列車に乗り込んだ。季節は夏である。五高時代に使っていた夏帽をかぶっていたが、徽章ははずした。列車の中では、夏目漱石の小説「三四郎」に登場するような、妙齢の女性が、京都から乗り込んでくることはなかっただろうが、やっぱり、小説に登場する「三四郎」の心境だったろう。青雲の志がモクモクと湧き上がり、胸の中が熱くたぎっていた。

法科大学に進学した五高同期生の顔ぶれを見ると、実に多彩である。のちに三菱の大番頭といわれた山室宗文（飽託郡芳野村出身）、司法界で活躍した木村尚達（阿蘇郡出身）や鈴木秀人（熊本市出身）、熊本財界の傑物といわれた中島為喜（熊本市出身）、スペイン公使など外交官として活躍した青木新（鹿本郡出身）、満州中央銀行総裁を務める田中鉄三郎（佐賀県出身）……

中でも、山室は陸軍士官学校へ進学した双子の弟、宗武（陸軍中将）と並んで、濟々黌時代から秀才の誉れ高かった友人である。東大時代には、令之とともに熊本県人学生寮「有斐学舎」に入った。学業にも人一倍熱心で、成績優秀のために法科大学特待生に選ばれている。

卒業後は、肥後が生んだ実業界の偉材と呼ばれ、三菱信託取締役会長を務めたが、学者としての資質を持ち合わせ、『社債論』『英米財界近情』『知られぬ金融市場』などを出版している。令之の文科仲間、続有節（熊本市出身、熊本市立高等女学校初代校長）は、希望通り文科大学へ進学した。

一方、東京帝国大学へ進学すると思われていた法科メンバーが、続々と京都帝国大学へ入学した。この中には、令之と気が合っていた山崎達之輔をはじめ、模擬国会や演説会などで大活躍していた花田大五郎や城戸元亮（玉名郡出身）がいた。花田、城戸は二人ともジャーナリストの道に進むが、花田の場合は、学者となった。

山崎達之輔は、五高を卒業するとき、法科二番の優秀な成績だった。京都帝国大学を卒業後に文部省に入り、普通学務局長に就くが、政治家に転身し、農林大臣などを務めた。

当時の五高生に京都進学者が増えていたのは、東京にライバル意識を持った関西出身の生徒が増えていたこともあるが、もう一つ、熊本出身の木下廣次（一八五一～一九一〇）が京都帝国大学の初代総長を務めていたことも要因に挙げることが出来る。

木下廣次は、熊本市内坪井生まれ。細川藩の貢進生として大学南校に入り、フランス語を修め、明法寮で法律を学び、パリ大学に四年間留学した。帰国して法科大学教授になるが、一高二代目校長、古庄嘉門に招かれ一高教頭（兼務）となり、古庄の後を継いで、一高三代目校長に就任した。

教頭就任時には、学生自治の基本となる「籠城演説」をし、儒教倫理を重んじた質実剛健の校風を築いた。この自治精神は、五高をはじめ、旧制高校の校風形成、寮生自治の在り方に大きな影響を与えた。

一高校長を退職後は、文部省専門学務局長を経て、京都帝国大学総長に就任した。教育者としての識見や人柄に加え、三十二年には、清浦圭吾や佐々友房らと濟々黌財団評議員を務め、濟々黌出身者の話題にもなっていた。こうした木下への敬慕が、五高法科生を京都帝国大学に導いたのかもしれない。

## 熊本県人学生寮「有斐学舎」に入舎

令之は、東京で遊学する熊本県人学生寮「有斐学舎」に入舎した。建物は、茗荷谷に新築されて二年もたっておらず、活気にあふれていた。有斐学舎が整備されていたのは、郷土の先輩たちの尽力のお蔭であった。

『肥後文教と其城府の教育』（熊本市教委発行）によると、令之たちが帝大入学の二年前の明治三十四年一月に「有斐学舎」の経営を財政面から支える「肥後奨学会」が設立された。

運営資金は、細川家からの寄付金を主な財源にしていた濟々黌財団基金（宮内省恩賜金分は除く）が充てられていた。これは私学だった濟々黌が県立に移管されたことにより、学校運営費が県費支出になったため、財団基金に余裕が出たためである。基金の内訳は、細川家寄付金十万円、小萩山の分収林収入一万三千八百万円等である。これにより、令之たちが入舎したころは、肥後奨学会の経営は安定し、基金によって小萩山の分収林の育成などの事業を進めながら、東京在住の学生のために寄宿の便を図り、困窮した学生の為に学資の補助ができる体制になっていた。

肥後奨学会を支えた人物も、肥後文教のレベルの高さを誇示するような、錚々たるメンバーが揃っていた。会長は長岡護美子爵（肥後藩主細川斉護の六男）、評議員には清浦圭吾男爵（のち首相）、藤村紫朗男爵（貴族院議員）、木下廣次、佐々友房、井芹経平ら五人、理事には藤村、佐々、井芹ら三人、のちには赤星典太（実業家）や小橋一太（政治家）らも参加した。役員も多士済々で、徳富猪一郎（徳富蘇峰）、横井時雄（横井小楠の息子）、安達謙蔵（政治家）らの名前があり、この奨学会に限ってみれば、人脈面では、政争とはかかわりがなかったようである。

肥後奨学会は、三十五年三月、茗荷谷に八百四十坪の敷地を確保し、新しい有斐学舎を完成し、記念式典を開催した。理事として長岡子爵、野田男爵、佐々友房、相談役として古庄嘉門らが出席した。来賓席には、細川伯爵を始め、当時、法務大臣を務めていた清浦圭吾、東京帝国大学総長山川健次郎、高等師範学校校長嘉納治五郎（五高二代目校長）らが勢ぞろいした。

佐々友房は、挨拶の中で「有斐学舎は下宿屋の弊を救い、気風を正し、熊本より遊学に来たものが悪風に染むのを防ぐところ」と強調した。そこには、学舎で勉学にいそしみ、肥後教育で養成してきた美風を維持し、切磋琢磨することにより、東京の学生の模範たれとの気概が込められていた。木下廣次がかつて一高生を相手に「籠城演説」を行ったように、佐々友房もまた、有斐学舎を「倫理道徳共同体」と位置づけ、熊本の藩校時代に学んだ儒学教育の完遂を期していたのかもしれない。

ところで有斐学舎にはどんな歴史があったか――。『創立百二十周年記念誌有斐学舎』によると、有斐学舎の始まりは、明治十四年五月に東京・駒込の曹洞宗禅寺・吉祥寺内に設立された「紫溟学舎」にさかのぼる。

「紫溟学舎」は、十二年冬に佐々友房が高橋長秋らとともに、濟々黌の前身、同心学舎を立ち上げた折に「東京にも遊学寮を創ろう」と発案し、東京在住の郷土の先輩、米田虎雄（肥後藩三家老の一家）、安場保和（実学坪井派、福岡県知事）らに相談し、時の細川家当主、細川護久に資金提供を願い出て設立したものである。

同学舎は、十五年に吉祥寺内から本郷真砂町に移り、学舎名を「有斐学舎」に改名した。「有斐」の語源は、中国の詩経にある一句「有斐君子」（斐（うる）わしき君子あり）から採られた。

その後、麹町・富士見町、本郷・西片町に移り、学舎名も「有斐学校」と称され、一時は、井上毅が校長を務め、ドイツ語を教えていたこともある。再び、有斐学舎の名称に戻ったのは、二十一年に小石川・上富坂に移ってからであるが、二十七年には火災に遭い、小石川・同心町、さらに三十二年に本郷・台町に移転し、茗荷谷設置に至っている。

ずいぶん転々としているなぁと驚かざるを得ないが、同学舎は、終始一貫、国家有為の人材を熊本県人から輩出するために、東京で学問をする学生を支援することに変わりはなかった。

令之が入寮して間もなくの頃、有斐学舎内の運動場に新たに舎屋が建築され、私立大学生や中学校卒業者の寄宿舎生も移ってきた。四十年には演武場や庭球場も出来上がり、有斐学舎は他府県をはるかに凌駕する、日本一の県人寮となった。

令之が入寮した当時の舎長は、民生委員の父と呼ばれた林市蔵である。当時、在籍していた入寮者名簿（明治二十四年〜大正二年）を見ると、二百一人の名前が上っている。そこには、令之をはじめ、辛島知己、山室宗文、新開諦観、高橋守男、続有節、青木新ら済々黌から五高、東京帝国大学へ進学した、なじみの名前がずらりと掲載されていた。有斐学舎は、熊本が誇る人材の宝庫だった。

有斐学舎は、令之が入舎した頃から既に百二十年の歳月が経った。今日の様子を知りたくて、ホームページを以前、開いたところ、昭和十七年に小石川・高田老松町（現在の文京区目白台）に移り、同五十一年に高千穂交易の独身寮を買い取り、埼玉県志木市柏町に立地していた。建物は、鉄筋コンクリート造りの四階建て。公益財団法人肥後奨学会が管理運営に当たっていた。女子シャワーも完備しており、現在では、東京や関東周辺の大学、大学院で学ぶ人のための男女学生寮となっている。

残念ながら、ホームページには、東京で肥後文教の責を担って有斐学舎建設に情熱を燃やした先人たちの苦闘や在籍した郷土の逸材たちの秘められた歴史をしのぶ記述に触れることはできなかった。

## ロシア憎し――日比谷焼き討ち事件も発生

令之が東京の学生生活にようやく慣れてきた頃だろうか、明治三十六年十月十三日、新聞「萬朝報」で健筆を振るっていた社会主義者の幸徳秋水、堺利彦、キリスト者の内村鑑三が退社した。三人が辞めた理由は、非戦論を主張していた主宰者の黒岩涙香が、第三次撤兵期限当日（十月八日）になっても満州に居座り続けるロシアに腹を立て、開戦論に転じたためである。幸徳、堺の二人は、約一カ月後に平民社を結成し、平民新聞（週刊）を発行して反戦を訴えることになる。

国民の大半は、戸水寛人ら七博士が「満韓交換論」に反対する建議書を公表した影響もあって「日露開戦やむなし」と受け止めていた。近衛篤麿公爵（貴族院議長）らの働きかけにより結成された「国民同盟会」が「対露同志会」（のちに講和問題同志会）に発展し、戸水博士たちと呼応して、対露強硬の国民運動を展開したのもその頃である。

開戦論の急先鋒、戸水博士は、石川県出身（加賀藩士）。帝国大学英法科を卒業し、東京始審裁判所の判事に任官するが、依願免官して、イギリス、ドイツ、フランスに留学して法学、政治学を学び、東京帝国大学法科大学教授に就任した。ローマ法の権威で、三十二年に法学博士を授与され、学制改革や対清商租権問題、満州権益など外交問題の論客としても新聞や雑誌に登場していた。

戸水博士は、令之たちが学ぶ「ローマ法」講座の担当教授だった。ローマ法は、ローマ時代の法律や規則であり、ドイツ法を始めとする西欧諸国の法制の基礎を成していた。戸水博士の授業は、法科の新入生にとって、学問の入り口でもあった。

戸水博士は、メディア界の寵児的な存在でもある。今日風にいえば、「タレント教授」のはしりといってもおかしくない。演説がうまく、清国を訪れた折の帰国話をするときは、まるで漫談を聞いているようで面白かったとの話も残っている。令之もまた戸水博士の熱っぽい講座に魅了されていたかもしれない。令之は、大学を卒業後も戸水博士を恩師と仰いでいるが、このことはのちに触れる。

戸水博士が強硬に主張した日露戦争の宣戦布告は、三十七年二月十日である。一週間前の三日、ウラジオストクのロシア軍司令官が現地在留の日本人に対して引き揚げ準備を要請し、旅順のロシア艦隊が全艦出航した、との重大情報が日本にもたらされていた。

当時、国民が最も関心を寄せていたことは、いつ宣戦布告の詔勅が下るか、だった。戦争突入までの期間を見ると、四日に御前会議で対露国交断絶と軍事行動開始が決定され、五日に第一軍に動員命令、六日、ロシア外相に国交断絶と公使館撤去を通告、そして同日、日本軍の攻撃準備が始まった。佐世保港から出動した連合艦隊は、第二艦隊を仁川上陸の陸軍輸送船の護衛につけ、主力艦隊はロシア艦隊を標的に旅順に向かった。いずれの艦隊も水雷攻撃や砲艦攻撃による奇襲攻撃でロシア艦隊に被害を与えている。

さらに注目されることは、日本が日露開戦とともに朝鮮・京城を軍事占領し、二月二十三日に日韓議定書を締結し、韓国支配の基礎固めをしたことである。

日露戦争は、各地で死闘の繰り返しだった。戦死者も続出した。熊本からは第六師団の兵士たちが遼東半島に上陸、遼陽会戦、奉天会戦に参加した。それだけに日本海軍の戦艦「三笠」が、対馬海峡でバルチック艦隊に勝利した「日本海海戦」のニュースは、国民を熱狂させた。熊本では、五高の教官や生徒たちが隊列を組んで市中に繰り出し、市民と一緒に旗行列に参加し「大元帥万歳、陸海軍万歳」を叫んだ。令之たちも「有斐学舎」で祝杯を挙げたことだろう。

日露戦争は、三十八年八月九日から三週間に及ぶポーツマスでの日露講和会議で講和条約が成立し、九月五日に終戦となった。日本が条約調印にこぎつけられたのは、仲介役の米国大統領ルーズベルトがロシア皇帝を説得したお蔭である。

当時の日本は、アジアで唯一の帝国主義国家として存在感を高めていたが、戦争を継続できる軍事力も財政力も乏しかった。それでも日本が、朝鮮に対する権益と清国領土の旅順、大連の租借権、長春以南の鉄道と付属の利益をロシアから譲り受けることができたのは、日本外交の成果だった。

一方、日清戦争後の三国干渉以降、「ロシア憎し」と臥薪嘗胆の歳月を送っていた日本人の多くは、多額な賠償金が支払われなかったことに怒りの声を上げた。ポーツマス条約調印の日、東京・日比谷では講和問題同志連合会主催の講和反対集会が開かれ、興奮した群衆が交番や内相官邸、講和条約を支持した国民新聞社などを襲う焼き打ち事件を起こした。東京市、府下五郡に戒厳令が敷かれたのは、翌日の六日である。

戸水博士も、戒厳令下の九月二十一日、五人の博士とともに講和条約の拒絶を求め、天皇に請願書を上奏した。戸水博士以外のメンバーは、金井延、寺尾亨、学習院教授の中村進午に加えて、文学博士の建部遯吾、法学博士岡田朝太郎である。かつての七博士のメンバー富井政章、小野塚喜平次、高橋作衛三博士はグループから脱退していた。

令之は、どんな目で日露戦争の終結・日比谷焼き打ち事件を見ていたのだろうか。このことは、令之たち熊本県出身の学生たちに大きな影響を与えていた佐々友房の開戦から終結までの政治活動を探ることで手掛かりを見つけることができる。というのも、令之のその後をみると、学問の師として戸水博士の教えを受けていたにせよ、政治活動面では、佐々友房を支持し、政友会と密接な関係にあった戸水博士と一定の距離を置いているからだ。

佐々友房は、政友会とライバル関係にある熊本国権党の重鎮として、桂内閣を支える吏党としての役割を担っていた。日露開戦を前に佐々らは、三十二年七月に帝国党を結成し、政友会、憲政本党（進歩系）と対峙する一方で、対外硬同志会→対露同志会を組織し活動を展開した。その政治的な立場は、一貫して桂内閣の外交姿勢を支持する与党的立場だった。その結果、熊本では、東京で発生したような騒動「日比谷焼き打ち事件」が起こらなかった。

『佐々家覚え書』によると、熊本では、熊本国権党の機関紙「九州日日新聞」が講和の経過や条件をそのまま報道し、条約破棄の無謀さを説き、冷静に対応することを求めていた。またのちに選挙の神様といわれ、佐々友房の後継者となる安達謙蔵（明治三十五年に衆議院議員初当選）が、佐々に呼応して県内各地を飛び回り、講和はやむを得ないと説得に当たった。

佐々は、三十八年十二月に帝国党を中核にして甲辰倶楽部・旧自由党・無所属組など七派七十六人を結集し「大同倶楽部」を結成した。設立趣意書に「吾人の眼中藩閥なく、また党閥なし、ただ国家の利益と国民の福祉、是あるのみ」と決意を述べるとともに「日本が東亜における平和の擁護者となり、清国と韓国における文化の普及者となる」ことを目指している。佐々は、そうした目的を達成するためには、戦後の経営安定のために国会内の安定勢力が必要と考えていた。

佐々は、翌年九月二十八日に五十二歳で死去した。日比谷焼き討ち事件で襲撃された国民新聞社の徳富蘇峰は新聞紙上で佐々友房について「若し国家を以て任となす者を国士とせば、彼は国士也。若し天下を以て務めを為す者を天下の士とせば、彼は実に天下の士也」と追悼した。激動の時代を駆け抜けた佐々友房という、郷土の大人物を失ったことは、令之にとって、大変な衝撃だった。

## 文部省と対決「戸水・山川事件」——学生も呼応したが……

令之の在学中に体験した最も大きな出来事は、日露戦争の開戦を主張した戸水寛人博士らの建議書が端緒となり、東京帝国大学と政府・文部省の間で対立が始まり、大学教授の学問研究や思想表現の自由、大学自治をめぐる問題が抗争事件に発展したことである。これらの事件は「戸水事件」とも「山川事件」あるいは「戸水・山川事件」と呼ばれている。

大要は『東京大学百年史』（東京大学出版会）に詳述されているが、ここでは当時の学内事情に触れた田中惣五郎著『吉野作造』や立花隆著『天皇と東大』も参照しながら「戸水・山川事件」を辿ってみる。

「今や露国は実に我と拮抗し得べき成算あるに非ず。然るに其為す所を見れば、或は条約を無視し、或は馬賊を扇動し、或は仮装以て其兵を朝鮮に入れ、或は租借地を半島の要地に得んと欲するが如き、傍らに与国なきが如し。今日已に然り。他日彼れ其強力を極東に集め、自ら成算あるを知らば、其為す所知るべきのみ。彼れ地歩を満州に占むれば、次に朝鮮に臨むこと火を観るが如く、朝鮮巳に其勢力に服すれば、次に臨まんとする所問わずして明なり。故に曰く、満州問題を解決せざれば朝鮮空しかるべく、朝鮮空しければ日本の防禦は得て臨むべからず」

この文章は、大学騒動のきっかけとなった戸水博士らの建議書の一部である。南下政策をとるロシアへの危機感を前面に打ち出した建議書に署名した教授陣は、前述したように戸水を中心に寺尾亨、高橋作衛、金井延、富井政章、小野塚喜平次と学習院大学教授の中村進午の七博士だった。

ロシアは、明治三十五年四月に締結された満州還付条約後も撤兵せず、翌年五月に朝鮮に軍事根拠地の建設を開始した。このことに危機感を抱いて、戸水博士らは、六月初めに桂首相、小村外相らに対露強硬意見の陳情をした。当時、建議書については、表に出さないことになっていたが、やがて新聞が知ることになり、二十四日に建議書の内容が公表される。

建議書提出に困ったのは、東京帝国大学の山川健次郎総長である。公表の翌日、山川総長は、戸水、寺尾、小野塚三教授を私邸に呼びつけ、くれぐれも慎重な姿勢を取るように要請した。山川総長が戸水らを呼び出したのは、桂首相が文教界の大御所、菊池大麓（吉野作造の義父）を通じて、山川総長に圧力をかけたためといわれている。

とはいえ、戸水博士らの言論活動が止むことはなかった。開戦後の九日に東京帝国大学で開かれた「時局学術演説会」で、戸水博士は「亜細亜東部の覇権」と題して満州及び中国北部の占領を主張、さらには戸水、寺尾、金井ら教授グループの会合の席上、バイカル湖以東の割取論まで唱えた。

戸水博士は、休戦講和の微妙な時期が迫っていた頃も『外交時報』（明治三十八年七月十日刊）に「媾（講）和の時期果して到りたりや」と題する論文を発表し、講和交渉を進める政府の姿勢を厳しく批判した。

こうなると、政府も黙っている訳にはいかない。文部省は、八月二十五日に文官分限令第十一条四項の「官庁事務の都合による」を適用し、戸水博士を休職処分にした。処分の申し渡しは、久保田文相によって行われたが、戸水博士はその場で「この処分が決行されれば、必ずや学内に騒動を惹起せん」と述べたと言われる。そして学内は戸水博士の予告通り、大騒動に発展していく。

戸水処分発令の翌日、法科大学では、美濃部達吉の呼びかけで、教授会有志の小野塚、高野岩三郎、山崎覚次郎、上杉愼吉、中田薫らが抗議文を作成、さらに『国家学会雑誌』に学問の自由を擁護する論文の寄稿をすることを決議した。『国家学会雑誌』というのは、法学、政治学、経済学などを合わせた学会「国家学会」の機関雑誌で、美濃部達吉が当時、編集主任を引き受けていた。

教授会も同日に開かれ、山川総長に戸水の復職を上申するとともに梅謙次郎、金井、土方寧の三教授が教授会を代表して、文部大臣に文官分限令適用の不当性を訴えた。こうした活動はあっという間に広がる。九月十九日には、教授、助教授二十一人が文部大臣に抗議書を提出する事態になった。

山川総長は、学内の意向を押し止めることはできず、総長権限で休職処分を受けている戸水博士を講師の身分にして、従来通り、ローマ法の講座担当を要請した。これで戸水休職処分問題に一応のけりがついた。

ところが、学内には新たな問題が浮上した。「山川事件」とも呼ばれる騒動である。これは山川総長が戸水博士を休職処分にする折に、総長の職務権限として具申状を提出しなければならないのだが、山川総長は、そのことを怠っていた。山川総長もすぐに気づいたのだろう。戸水休職発令六日後の八月三十一日に秘密裡に久保田文相に辞表を提出した。

久保田文相が山川総長の辞表を受理し、新総長に農科大学教授松井直吉を発令したのは、十二月二日のことである。このニュースが伝わると、学内はハチの巣をつついたような大騒ぎになった。だれも山川総長が辞表を提出していることを知らなかったのである。

山川辞任劇は、戸水休職処分問題を超えて、大学と政府との対立抗争に拍車をかけた。新総長人事に反発し、学長の穂積陳重や金井延教授に続いて、休職中の戸水を含め、ほとんどの教授が辞表を提出した。法科大学は、まさに教授陣不在の壊滅状態に陥った。

法科大学の異常事態は、全学の教授陣にも伝わった。十二月四日には、教授、助教授百九十人余が山上御殿と呼ばれていた集会場に参集し、箕作佳吉教授（理学部、動物学担当）を座長に抗議集会を開き、山川総長の辞表受理に抗議する「覚え書き」を決議した。そこには「山川前総長の免官事件は単純なる一官吏の免官問題ではなく、その根底には重大なる国家的、世界的な問題を包含している」とある。大学の独立、学問の自由を訴える大学人の願いが込められていた。

文書が学内に回されると、全教授、助教授が、わずか二日間で署名したといわれている。彼らの申し合わせ事項は▽大学が一体となって、松井総長に辞職を勧告するとともに、首相、文相に抗議書を提出する▽各分科大学学長がそろって文相に辞職を勧告し、それでも文相が辞任しなければ、教授全員が辞職する――というものだった。東京帝国大学の動きは、京都帝国大学教授団にも波及、木下廣次総長が文相に抗議書を提出した。

一方、政府側も対決姿勢を鮮明にした。教授陣が要求する「山川前総長・戸水教授の復職」、「文部大臣の引責辞職」、「大学の独立と言論の自由保証」にすんなりと応じては桂内閣の沽券にかかわると思ったのだろう。『天皇と東大』によると、政府側は「文相の首を差し出してもよいが、強硬派の教授たち十数名の首と引き換えだ」と言い出した、とされる。

教授側はすでに辞表を提出していた。そんな脅しにひるむことはない。こうした騒動の中、教授たちは十二月九日の教授会で、帝国大学の独立問題も議論した。行政に対抗して学問の府を護るためには、大学そのものが「法人」として独立し、一定の基本財産を持たなければならない、といった追い詰められた議論も沸騰した。

令之ら学生たちも呼応した。教授会の集会と同じ日に学生集会を開いて、十六人の委員を選び、次のような決議を行った。

決議の内容は、一、我帝国大学の此度の事件に付き、法科大学生は相共同して、事情に応じ適宜の行動を執る事、二、委員は各科十六名を置く、其権限は、イ、事実を調査し　ロ、法科大学生を代表し　ハ、必要な場合に法科総会を召集し、発案を為し　ニ、各分科大学の連絡を図る為

に交渉の任に当る事、というものである。（『吉野作造』より）

これらの決議内容を見ると、教授たちの熱っぽい対応に比べ、学生側の姿勢はやや冷ややかにも思える。文科大学に、社会主義的な思想を持った学生が生まれていた時代である。国力を無視して扇動的に発言するナショナリスト戸水教授らに対して、日露戦争の非を説く社会主義思想やキリスト教に影響を受けていた学生たちが、一定の距離を置いていたのだろうか。

戸水・山川事件は、最終的には政府側に万策が尽きて収束に向かう。桂首相が十二月十四日に「騒ぎを起こして天皇陛下に申し訳ない」といった理由を挙げて、久保田文相を罷免し、自ら文相を兼務した。

桂首相は、浜尾新（初代帝国大学総長、文部官僚）に総長就任を要請した。これに対して、浜尾は就任に条件を出し、六博士の進退を浜尾に一任するよう求め、政府もまた干渉しないと約束した。その結果、戸水博士は復職し、大学側の完勝で終わった。

戸水・山川事件は、大学の独立、学問の自由をめぐって、政府と大学が対立した国内初の抗争事件であるとともに、大学が政府に勝った初めての大学自治事件だった。

同時に一連の事件は、大学自治のあり方を含め、大学とマスコミとの関係を問いかけるきっかけにもなっている。戸水博士らが、国民に「ロシア憎し」の感情が広がる中、大学教授という肩書を活用して、巧みにマスコミと一体感を作り出し、政府が目指す日露開戦へ加速させた、ともいえるからである。そこには「学問の府」を唱えながらも、象牙の塔から飛び出して、政府の旗振り役になっていく、そんな御用学者を生み出す時代を予兆させると言ったら、言い過ぎだろうか。

ところで、戸水に教えを受けていた令之が、どんな思いで事態の成り行きを見ていたのか、気になるところである。戸水教授の路線に共鳴し「日露戦争開戦を止むを得ない」と考えていたことは間違いないが、一人の法律を学ぶ学徒として、終戦後の日比谷で発生した焼き打ち事件については、講和反対のためとはいえ、法律を無視した群衆の暴挙を許すことはできなかっただろう。

令之には、もう一つ、心を痛めることがあった。日露戦争は、戦死者八万四千人、戦病者十四万三千人を出した。被害者数は日清戦争の十倍といわれる。故郷からの便りを読むと、熊本の第六師団から出兵した知人の中から負傷者や死者も出た。一家の主を戦場に送り出し、悲報の中、途方に暮れる農村家庭も多かった。一家の働き手を失った農家では、悲劇が新たな悲劇も招いていく。

こうした出来事に触れると、令之の心は揺らいだだろう。政府と大学教授陣が繰り広げる「戸水・山川事件」が、国民を置いてきぼりにした都会人の出来事にも思えてきたのではなかろうか。彼等は、戦争に駆り出された国民の苦しみを理解しているのだろうか――。

令之は、卒業までの期間、学問に熱中した。独法科の学生としてドイツ法典や判例の研究にも精を出した。当時、学内には天皇の解釈をめぐって、穂積八束――上杉愼吉博士の「天皇主権説」と一木喜徳郎――美濃部達吉が唱えていた「天皇機関説」の二つの学説が対立していた。美濃部達吉博士らが憲法学会で主張していた「天皇機関説」は、立憲君主制を重視する立場から、天皇を国家の最高機関と位置づけ、議会が独立の権能を持つことを理論づけしたものである。

このことは、天皇の統治権を議会によって制限する道を開いたものであり、当時の学会では、大きな関心を呼ぶことにつながった。令之にとっては、難しいテーマだったとはいえ、済々黌を創設した佐々友房らが率いていた熊本国権党の政策と矛盾するものではなかったろう。戸水・山川事件収束から卒業までの期間は、のちの令之の足跡を辿ってみると、令之が最も学問に取り組んだ時代だったように思える。令之は、いつの間にか、多くの法科学生がめざす官吏や実業家の道に距離を置いていた。令之は、明治四十二年七月に東京帝国大学法科大学独法科を卒業し、晴れて弁護士資格を取得した法学士となった。

# 第五章　兵役、そして『小学教師之権利義務』出版

## 第六師団へ入隊「軍人勅諭」を大切に

法学士となった令之と一緒に卒業した東京帝国大学・法科大学学生は、三百六十三人（法律学科二百五人、政治学科百五十八人）だった。就職先の大半は、官庁や銀行や大企業だったが、弁護士の道へ進む仲間もいた。令之は、司法官試補の資格を得ていた。これは、研修期間を終えて裁判官や検事の道に進むコースだった。弁護士は法科大学を卒業すれば、無試験で開業できた。

令之が卒業した年、明治四十二年、社会を大きく揺るがした二つの事件が発生した。一つは、政府が日露戦争後の財政確立のために砂糖消費税を引き上げたため、大日本製糖をめぐる疑獄事件が発生し、四月から検挙が始まった。逮捕者は、代議士だけでも二十四人に上り、大日本製糖の前社長が七月十一日に自宅でピストル自殺した。

もう一つは、十月二十六日に枢密院議長、伊藤博文がロシアの大蔵大臣と会談するために訪れ

たハルピンで、韓国人の民族独立運動家、安重根に狙撃され死去した。国葬が十一月四日、東京・日比谷公園で行われた。国内に悲しみが広がったが、韓国では、安重根を英雄視し、快哉の声が上がった。

こうした出来事を令之がどのように受け止めたかは分からないが、心に期するところがあったのだろうか、社会人として踏み出した第一歩は、国民の義務として課せられた徴兵令に服し、軍務に就くことだった。

明治二十二年一月に制定された新徴兵令によると、国民の男子は、基本的に二十歳から四十歳までに兵役につかなければならなかったが、高等学校や大学の学生、中学校卒業者や師範学校卒業生は徴兵猶予や兵役期間の短縮といった例外規定が設けられていた。これにより、令之は、召集を免れることもできた。しかし、熊本に帰った令之は、四十二年十二月一日、熊本城内に置かれていた第六師団・輜重兵第六大隊第一中隊に入営した。兵役期間は、四十五年三月三十一日までの二年四カ月である。

令之は、軍務に就くことに誇りを抱いていた。五高在学中に書生を務めていたドイツ人教師、アブラハムのことも思い出したことだろう。アブラハムは、大学で学問を習得後に兵役を志願し、予備将校の資格を得た後、教育界や官界、法曹界で活躍していた。ドイツのエリート層が歩む典型的なコースだった。自分もアブラハムのように軍務に励んだあと、新たな道を目指したい、そんな思いが胸に沸き起こっていたに違いない。

長男の岑雄によると、令之は、兵士たちに渡された「軍隊手諜」を所持し、そこに記されていた「軍人勅諭」を大切にしていた。

「軍人勅諭」は、「我国の軍隊は世々天皇の統率し給ふ所にそある」で始まり、次のような五カ条が書かれている。

一、軍人は忠節を尽すを本分とすへし
一、軍人は礼儀を正しくすへし
一、軍人は武勇を尚ふへし
一、軍人は信義を重んすへし
一、軍人は質素を旨とすへし

五カ条の軍人精神は、令之の心の支えであり、国民として守るべき徳目だった。

令之は、輜重兵としての兵務に熱心に取り組んだ。当時、車もほとんどない時代である。訓練といえば、最初にやらなければならなかったことは、当時の輸送手段である軍馬の世話や軍馬に資材をどうやってスムーズに載せるかだった。乗馬訓練も欠かせなかった。

令之が隊内に起居し、訓練を受ける在営兵役の期間は、四十三年二月二八日までの三カ月と短かった。令之は、帝国大学を卒業した国家のエリートであり、家督を継いだ小山家の主人である。在営期間に特典があったのだろう。令之は、在営期間を大幅に短縮され、早々に営外生活を許され、自由に活動できるようになった。とはいえ、令之は、在営兵役期間を終えたあとも、満期後も第六師団の観閲点呼があれば、駆け付け、天皇に統率された「日本の軍人」としての誇りを抱いて軍務を務めている。

当時の熊本地方は、主産の肥後米の品質が官民の努力により高まり、流通体制の整備も進んでいた。小山家は、大地主とはいえなかったものの、小作料が比較的安定して確保できる寄生地主の立場である。周囲を見ると、地主の中には、小作料を企業に投資したり、町村長や町村会議員となって、地域の開発・振興に活躍する徳望家もいた。

令之は、そんな人を見ると、自分の務めは何だろうと思わざる得なかったが、かといって、故郷でゆっくりとしている気にもなれなかった。新たな人生を切り開くために、何か新しいことをしたかった。東京に戻り、もっと学問をしたい、そんな気持ちも抑えることができなかった。

令之には、一つだけ、どうしても果たさなければならない事柄があった。それは学窓に在る頃、友人の小学校校長から「小学教師の権利義務を系統的に説明した著書がないのは遺憾である」と聞かされ、出版の約束をしていたことだった。(『小学教師之権利義務』より)

当時、小学校教師が置かれていた境遇は、国運の発展に大きな影響を与える立場にいながら、教師の身分や地位が市町村長や地域の実力者の圧力によって不当に扱われ、待遇も不安定な立場に立たされていた。こうしたことを失くすためには、友人が指摘していたように学校教師の権利と義務を系統的に学ぶ著書が必要だった。

令之は、思い立つとじっとしてはおられない。令之が選んだのは、営外生活を許された自由な立場を活用して、東京に住居を確保し、大学図書館に出かけてドイツの法典や判例の研究を進める一方、恩師たちの著作や講義録を読み直し、執筆を開始することだった。

学生に帰ったような気分になって、かつて学んだ学問の世界に打ち込む。穂積八束―上杉愼吉博士の「天皇主権説」と対立して「天皇機関説」を唱えていた一木喜徳郎博士の行政法の講座筆記録を読み返し、美濃部達吉博士が中央大学から出版していた講義録も借りてきた。奥田義人博士の親族法講義録や牧野英一博士の改正刑法に関する著作も、執筆にあたって貴重な文献になった。かつて師と仰いだ戸水寛人博士は、教育行政についても詳しく、数々の教唆を受けた。

令之は、教育に関わる著作に取り組みながらも、苦い思い出が頭によぎっていたのではなかろうか。それは濟々黌を卒業し、将来、学者や教育者への道を目指して、五高文科に進学したものの、途中から心が揺らぎ、五高卒業前に文科から法科へ転科したことである。

文科のある先輩が、法科転科を希望する令之たちに対して、龍南会雑誌に「中学教員で一生を埋もれねばならぬかなど気にするような人は、到底頭から文科向きには出来ていない」と揶揄した文章を載せていた。令之は、この寄稿を読み、心のどこかを針で刺されたような、複雑な気持ちに追い込まれていたに違いない。

私の推測だが、東京に帰りながら、令之は汽車の中で「立身出世のために法科を選んだわけではない。国家、国民の為に何ができるかを考えたい。法学士として、教育界に貢献できる道がある」――そんな思いにかられたのではないだろうか。

令之は、明治四十四年六月に『小学教師之権利義務』を巌松堂書店（東京・神田）から出版した。「序言」は、次のような文章で始まっている。

「方今　教育思想の普及に伴ひ小学教育又は管理に関する著書甚だ多く汗牛充棟も啻ならず然れとも未だ小学教師の権利義務を系統的に説明したる著書に至りては著者の浅学別に著述あるを知らざるなり　曩《さき》に学窓に在る頃友人小学校長某氏より頻りに斯の種の著書なきを遺憾とすとの言を得　平素此著に志あり　近者恰も小暇を得たるを以て漸く稿を脱するを得たり……」

また著書の目的について「権利を享有するも権利伸張の法を知悉せずんば権利を有せざるに若かず　権利の救済伸張を説かんとする」、「教育に鞅掌する行政官にして小学教師の権利義務を明にせずんば行政の施設曷《なん》ぞ宜を得んや視学官の三略たらんとする」とも記した。そこには、かつて五高文科に入り、教育家を目指した学生時代の夢を実現したい、そんな思いや気概が込められているようだ。

第一章は「教師の法律上の地位」で、小学校の教育は、国家の事務にして「小学校長及び教師は広き意味の国家の官吏なり」と謳いあげた。第二章「小学教師の身分の取得」以降の構成は、第三章「権利」第四章「義務」第五章「懲戒処分」第六章「小学教師の進退」第七章「訴願及び訴訟」となっている。

さらに令之が重視したのは、教師が国運の発展に大切な存在であり、優遇されるべき立場であることをドイツ法典や判例などを活用しながら、論述していることだ。そこには『小学教師之権利義務』を、小学教師にとどまらず、政治家や教育に関わる視学官など幅広い層に読んでもらいたいという願いが込められている。

教師の権利を広く擁護する一方で、教師が行ってはならない児童への体罰に関しても、厳しい姿勢で臨んでいる。令之は、児童への行き過ぎた処分や体罰を「教育の場」から追放したかった。そのために体罰の範囲を広く解釈し、教師の間で当たり前の指導として黙認されていた「廊下に直立」や「居残り正座」の不当性にも警鐘を鳴らした。

令之が取り上げた事例に次のような話がある。ある日、教師の一人が、先生や児童たちが皆下校した後、宿直で校内を見回りしていたところ、教室の中からすすり泣いている声が聞こえた。驚いて教室を覗くと、ひとりの児童が暗闇の中で教壇に正座したまま泣いていた。担任の先生から授業中に叱られ、罰として正座して居残りするように命じられていたのだ。しかし、罰を下した先生の方は、そのことをすっかり忘れてしまい、翌日、同僚教師から事情を聞かれて、児童に罰を下したことを思い出した。教師は体罰を下したことをすっかり忘れていた。

令之は、教師側の手落ちを批判し、ドイツでは、このような授業時間外の居残りの罰を下す場合に校長や父母の同意を必要とする判例があることを指摘した。小学校教師の正当なる権利の確保に理解を示す一方で、児童の健全な成長を見守り、指導しなければならない教師に対して厳しく「義務の履行」を求めていた。

教師の徴兵制度下の兵役期間についても言及している。当時、教育界では、教師に課せられる兵役期間について「現役六週間」が良いのか、それとも「一年志願兵制度」にすべきか、議論が分かれていた。教育の現場から「一年兵役」になれば、教師数が足りなくなり、充分な教育環境が損なわれてしまうとの意見が多く出されていた。

令之の意見は違っていた。簡単に言えば、小学校教師は、国家官吏に相当し、国民の教育を預かり、国民から尊敬されなければならない立場にある。こうした教師の重責を考慮すると、教師は、国民の義務である兵役体験が、最低でも一年必要というのだ。令之は、五高のドイツ人教師のように、小学教師も国民のエリート層としての誇りを抱きながら、児童たちの指導に当たってほしいと願っていた。

『小学教師之権利義務』は、絶版になっていたが、平成二年九月に「ゆまに書房」から『明治・大正　教師論文献集成』第十九巻として復刻され、私も幸い読むことができた。

「序文」を見ると、日露戦争をめぐって、文部省と対立した「戸水事件」の主役、法学博士・戸水寛人が寄稿している。

戸水博士は「国家百般の制度は、賓にして主にあらず　主は實に人にあり　人なくんば制度は一種の駢拇《べんぼ》のみ而して人を得るは教育にあり　抑も小学教育は道徳教育及国民教育の基礎を築くを目的とするものなるが故に小学教育を普及せしめずして他の教育の完成を望むは猶木に縁りて魚を求むる類のみ小学教育の要亦至大ならずや」と記していた。

戸水博士は、令之にローマ法を教えてくれた恩師であるが、教育制度に強い関心を寄せていた学者としても知られていた。『小学教師之権利義務』が出版された当時、東京帝国大学教授を退官し、政友会の衆議院議員を務めていた。

校正の労を取ったのは、五高時代の友人、山崎達之輔（当時は文部省参事官）と五高・法科大学の先輩、野守廣（保険事務官、法学士）の二人である。

山崎達之輔は、福岡県出身。五高を卒業後、京都帝国大学法学部に進学し、文部省に入庁していた。大学は違っていたものの、卒業後も何かと相談したりしていたのだろう。のちに熊本国権党のライバル政党、政友会の代議士となった。

野守廣もまた福岡県出身。五高時代に演説が巧みな「剛毅」の人だった。法科大学独法科時代も、先輩として令之の相談相手になっていた。令之は「序言」に「野守法学士に幾多の指教を與へられ現に俸給権の時効等に関して氏の意見に従いたる所多く最も深く其友情に謝する所なり」と記し、学恩に感謝の言葉を捧げている。野守は、農商務省官吏となり、退官後に三井信託会社の副社長などを務め、実業界の国際派として活躍した。

## 東京で伊喜と新婚生活

徴兵令による在営兵役から解放された令之は、熊本出身の渡辺伊喜と結婚し、東京・四谷で新婚生活に入った。令之は、新しい年が二日後に迫った明治四十三年十二月二十九日、あわただしく東京・本郷の役所に駆け付け、妻伊喜との結婚を届けた。熊本の実家で親類縁者に囲まれて、祝言を挙げ、東京で新婚生活をスタートしたものの、伊喜の入籍地をどこにするかを迷っていた。小山家の当主として、いつかは故郷に帰らなければならない。それだけに迷いもあったのだろう。

それにしても、結婚した日が翌年にずれ込んでは、結婚を祝福して送り出してくれた親類縁者に申し訳ない。そんな思いが十二月二十九日というあわただしい婚姻の届け出となってしまった。伊喜に妊娠の兆候もあった。令之夫婦の長女、麗子《うらこ》（筆者の母）が生まれたのは、翌年の明治四十四年九月一日である。

伊喜の出身地は、熊本県飽託郡出水村長溝（現在は熊本市）である。代々細川藩に仕えていた武家の長女として生まれたが、母親が若くして死去したため、男兄弟の母親代わりをしていた。そんな伊喜の孝行ぶりが地元の新聞に「出水、長溝の孝行娘」と紹介され、令之は、是非とも嫁にくれと直談判して結婚したという。

十八歳。尚絅高等女学校（前身は濟々黌中学女子部）を卒業したばかりである。周囲には「何も分からないまま、お嫁さんになった」と話していたが、武芸をたしなみ、先祖代々、長女に受け継がれてきた小刀を持参してきた。のちになって、令之が酔っ払って帰ると、玄関先で小刀を前に置いて、正座して帰りを待っていた、という逸話も残っている。

余談だが、小刀は、長女である私の母、そして私の姉に引き継がれ、今日は姉の長女宅に保存されている。武士の家に生まれたことを誇りにしていたのだろうか、しつけに厳しく、私の言葉が町言葉だと叱られたこともある。

結婚当時、東京では、平塚らいてうや与謝野晶子らが婦人文芸雑誌『青鞜』を発刊し、大きな話題になっていた。

「元始、女性は実に太陽であった。真正の人であった。今、女性は月である。他に依って生き、他の光によって輝く、病人のような蒼白い顔の月である。私共は隠されて仕舞った我が太陽を今や取り戻さねばならぬ」

熊本から都会暮らしを始めた伊喜にとっては、平塚たちが運動を始めた「女性の自我確立の訴え」は、新鮮に思えたことだろう。伊喜は後年「本が大好きで、白樺派の小説を始め、トルストイなど文豪の小説を読みふけっていた」と話している。

## 伊喜の思い出を語る　令之の長男岑雄

（母の伊喜は）明治二十五年六月の生まれですから、現在、九十一歳と半年。もともと、むごう元気のよかつです。たくましゅうしてですナ。尚絅高女のかなり古い卒業生で、十八歳で嫁いできますが、そのきっかけというのが、おやじの方がほれた。「長溝（現出水町）の孝行娘」というわけで母のことが当時の新聞に載ったんですネ。侍だった父親も、母親も早く亡くして、六人の兄弟を女手ひとつで育て上げたという美談ですナ。それを読んだ父が「こういうのをひとつ嫁さんに」と思った。

――母親という言葉ですぐ思い浮かべられるのはどんなイメージですか。

厳しかった、ということ。男は私一人で、特に怒られたりしたわけではないが、行儀とか言葉には実に厳しかった。今に至るまでおごられればかりですタイ。六十ン歳の私が九十ン歳の母におごらるるもんですけん（笑）。母方の家系は細川家の家臣だったから、特に侍の娘という意識が非常に強くて「侍の家に生まれたものがそういうザマでどうするか」。廉恥ですな。人に迷惑をかけたらイカン、謙虚さを知るべし。古い道徳律がピシッと身についた人ですネ。よく言ってたのは〝実るほど頭の下がる稲穂かな〟とか、〝下がるほど人の見上ぐる藤の花〟。いわゆる謙譲の精神。人を押しのけたり、迷惑でもかけたら〝腹きれ〟。そういう意味では恐ろしいですよ。家内（倭文子）に聞いたらやっぱり〝恐ろしい〟。挙措動作、何にでも非常に気がつく人ですから。おかげで私も言葉だけは身についていますね。例えば、敬語。しかし、たたかれたことなんか一度もない。何かやましさがあると、非常に厳しく感じる。思うに「恥ずかしがらせる」んですナ。あのテは（笑い）。長子相続で、チヤホヤはされましたが、決して甘やかされてはいなかったですネ。

――どんな〝女の一生〟だったと……。

一言でいうと〝献身〟ですね。おやじが昭和十三年に五十七歳で亡くなっていますから、その後、四十五年間は未亡人ですよ。結婚するまでは兄弟のため、嫁してはおやじのため、そのあとは子供のため。それ以外に考えられんわけですね。地主で、弁護士で、政治もやったおやじは明治男の〝暴君〟でしょう。それが倒産なんてものじゃない、当時の金で三十万円の借金と抵当に入った田畑を残して死んだ。今なら何十億。大学出の初任給が八十円の時代ですからネ。土地全部はき出しても足りなかった。そういう意味では苦労していますネ。私の時代になってから細々と安定してきた。（笑い）

――サービスに徹した人生だった。

その通りなんですが、これがいまだに趣味のバアサンで。花を育てるのが大好きで、花や野草に大変詳しい。それとネ、八十歳を過ぎて書道を始めましたよ。読書もよくやる人だった。北御門さん（二郎、ロシア文学者）がトルストイのものを出されたころ、これは沖津さん

（熊本の実業家）にも話したが「あ、これは、母が喜びますバイ」と言ったら「ハア?」とびっくり。トルストイをよく読んでいた。八十五歳で。「戦争と平和」を三回は読んだと言って。私の本棚からひっぱり出して、チボー家の人々、プーシキン、ツルゲーネフ、トーマス・マンの「魔の山」、「ドフトエフスキー、あれは暗かけん、好かん」（笑い）まあ、こんなバアサンはあまりいないでしょうナア……。

――そういう方から〝謙虚にしなさい〟と怒られる。（笑い）

ソルがデスタイ。人間的な面もありましたよ。私が小学校に入る前のことですが、一度わが家でてんやわんやの大騒ぎがありましてネ。わが家の母系には代々伝わる漆ぬりのいい短刀があったんですが、その短刀を持ち出して、母が仏壇の前に座っとる。おやじが芸者サンと仲良くなって、何かあったんでしょうナア、痴話ゲンカデスタイネ。それでも、子供心に恐ろしかったことを覚えとりますよ。けっこうやりよったですネ。（笑い）

（熊本日日新聞より掲載（五十九・一・二十五付）

注・伊喜は昭和五十九年十二月十六日、九十二歳で、寄雄は平成十九年二月十五日、九十二歳で死去した。

# 第六章　熊本中学校の舎監兼教諭

## 「善を為すに勇に」を訓育の重点に

令之は、二年三カ月にのぼる兵役が満了した翌月の明治四十五年四月に熊本県立熊本中学校に舎監として着任し、大正二年四月から教師を務めた。濟々黌時代の恩師だった校長の野田寛にスカウトされたのである。

野田は、令之の濟々黌在学中、英語や化学の先生だった。井芹経平黌長の補佐役として人望もあり、いつかは濟々黌黌長に就任するだろうと思われていた。しかし、野田は、濟々黌に残らず、熊本中学校が新設されると、初代校長として赴任した。

熊本中学校は、濟々黌と「一幹二枝」の関係にある学校である。濟々黌沿革史によると、濟々黌は「諸学校通則」の改正に伴って、令之が卒業した春（明治三十三年四月）に第一濟々黌、第二濟々黌に分かれ、従来の濟々黌は、井芹黌長がそのまま黌長ポストに残り、第一濟々黌と名称を変えて藪ノ内から黒髪町の新校舎に移った。

一方、第二濟々黌は、藪ノ内に残り、三カ月後の七月に熊本県立熊本中学校として独立した。当時、濟々黌黌長のポストをめぐって、井芹黌長が野田に第一濟々黌黌長に就任するように要請したが、野田が固辞したと伝えられている。

野田は、新たな県立中学校発足に向けて、独自の教育方針を抱いていた。それは、恩師の佐々友房が掲げた教育方針「三綱領」の教育理念を生かしながら、熊本中学校に濟々黌とは違った新たな校風を生み出すことだった。

野田は、教師や生徒たちに「士君子たれ」と呼びかけた。「士君子」の三文字を校風形成の基本にしたのは、濟々黌の教師時代に、佐々友房が欧州視察から帰国し「イギリスのパブリックスクール・イートン校では教養、人格に優れた人材を養成するゼントルマン教育が行われている」と話したことが心に焼き付いていた。「士君子たれ」は、「紳士たれ」である。

時代の風潮は、尚武を重んじていた。濟々黌の「三綱領」には「廉恥を重んじ元気を振う」の項がある。しかし、このことが重視されるあまり、いつか独り歩きし「行き過ぎたバンカラ気風」を生み出していた。結果的に、学問軽視の風潮が強まり、生徒たちの学力や品性の低下や校内での暴力行為を招くことにもつながった。教師側も責任を負わなければならないことだった。

野田は、濟々黌に在学していた頃、にがい経験を味わっていた。それは、江津湖で開催された水泳大会で、上級生が泳ぎのできない下級生を励ますためか、服を着たままの下級生を湖水に突き落とし、引率の教師までが一緒になってはやし立てる事件が起きたのだ。

下級生から事情を聞いた野田らが抗議し、乱暴した上級生に謹慎の処分が出されたが、教師もまた加担者であることも間違いなかった。しかし教師に処分はなかった。

野田は、濟々黌を卒業後に東京帝国大学哲学科専科で学び、教師となって濟々黌に帰ってくるが、在学中に体験した事件は、教育者となった野田には、忘れてはならない過去の教訓だった。

野田は、校訓制定に当たって「善を為すに勇に」を訓育の重点に置いた。濟々黌教育が陥りやすい「バンカラ校風」の負の部分を一掃したかった。そのためには、徳育教育を果断に実践できる、優秀な教師や舎監をいかに採用するか、が肝要である。

もう一つ、野田が熊本中学校で力を入れたことは、生徒の自主性や自治の精神を重んじる寄宿舎中心の教育実践である。野田は、濟々黌在学中に佐々友房が自ら寄宿舎に住み込んで、舎監役を果たしながら、教師と生徒が親子のように心を通わせ、自由な雰囲気の中で勉学に励んだ時代を懐かしく思い出していた。野田の胸中には、校長自ら寄宿舎生活を送る教育環境ではなかったものの、優れた舎監を得て、人間教育をする寄宿舎像があった。

野田は、熊本中学校が明治三十七年に藪ノ内から大江に移転すると、寄宿舎を建て「講学寮」と名付けた。自宅からの通学距離が二里（八キロメートル）以上ある生徒たちに入寮を義務付けた。寄宿舎は三寮に分かれ、約百五十人の生徒が起居を共にした。舎監住宅も設け、舎監と生徒たちが密接な交流ができるようにした。

済々黌教育の美風を生かしながら、英国のパブリックスクールのように、教師と生徒の信頼関係を築き上げ、寮生を一人の紳士として育て上げることを目指したのである。

『熊中熊高江原人脈』（西日本新聞社刊）によると、当時、講学寮では、寮生たちが舎監の指導下、生長、副長を選び、生徒たち自らの発案で、ユニークな企画を提案し、各学年ごとの共同誕生会や晩さん会、展覧会、茶話会など多彩な行事を繰り広げた。土曜日に大広間で開催した講演会や講談会の催しも人気だった。

野田校長は、教師の指導にも力を発揮した。時には舎監や教師に振る舞い酒を出しながら、教師のあり方をめぐって意見を交わした。講学寮は、教師にとっても「士君子」の教場だった。

令之と同様に野田校長にスカウトされた英語教師兼舎監の野田紏夫は、野田校長の功績として次の三項目を挙げた。

一つ目は、入学から卒業までの五年間は同じ担任が持ち上がるシステムを取ったこと

二つ目は、立派な先生を集めたこと、三つ目は、講学寮を造ったこと

令之の舎監時代は短く、生徒たちとどんな会話をしていたかは分からないが、久しぶりに青春時代に帰ったような気分に立ち返って、生徒たちと政治や文学談義をしたり、運動場でスポーツを楽しんだりしたのではなかろうか。

教師としては、中学校令施行規則改正（明治四十四年）に伴って、五年生の課目に導入された

「法制及び経済の大要」の授業を担当した。文部省が同課目を導入したのは、中学を卒業して実社会で働く生徒たちの為に、法制や経済の知識を授けるとともに、帝国憲法の勉強を通じて、我が国の特性ある国体を学ばせる狙いだった。

野田もまた、令之に大きな期待を寄せていた。濟々黌時代の教え子であり、五高文科、そして熊本県出身者の東京学生寮「有斐学舎」で多感な青春期を過ごし、東京帝国大学法科大学を卒業した法学士である。舎監としても中学教師としても、申し分のない経歴であった。そして農村で生まれ育った、純朴かつ向上心のある真面目な性格だった。令之もまた濟々黌時代の恩師からの要請に感激し、心を高ぶらせながら、熊本中学校の門をくぐったことだろう。

令之の舎監、教師の在職期間は、熊本県立中学校同窓会名簿によると、明治四十五（一九一二）年四月から大正四（一九一五）年三月までのわずか三年間である。しかも令之は、大正三（一九一四）年一月三十日に熊本弁護士会に弁護士登録をし、熊本市中心部の手取本町五番地（当時）に事務所（兼住宅）を開業している。同窓会資料が正しければ、令之は、熊本中学校に勤めながら、すでに弁護士活動を始めていたことになる。県立中学校に勤めている立場で、可能なことだったのだろうか。そして野田校長はどう対応したのだろうか、気になるところである。

令之の心情にどんな変化があったのだろうか。一つだけ明確に言えることは、法学士である自分に課せられた社会的な使命が、教師職にいつまでも留まることではなく、他にあると考えたことである。やらなければならないことがある、その一語に尽きた。

## 明治天皇の崩御―おかしくなっていた日本

明治末期から大正期に差し掛かった日本は、年を追うにつれて、内外の政治情勢が多難な課題を抱え、暗い社会になっていた。当時の出来事を拾ってみると、明治四十二年四月、大日本製糖疑獄事件が発覚し、七月に前社長がピストル自殺した。十月には、韓国人民族独立運動家、安重根による伊藤博文暗殺事件、四十三年五月―八月、無政府主義者幸徳秋水らの大逆事件摘発、そして四十四年一月、幸徳秋水ら十二人の処刑（済々黌出身者二人含む）、そして十月には、片山潜らの社会党結成と二日後の禁止命令……・こうして明治末期の事件史を拾ってみると、明治日本は、どんな国家なのだろうか、という思いに駆られる。

日本は明治維新以来、世界の列強の仲間入りを目指した。近代化を推し進め、清国、ロシアと戦って勝利、韓国併合に関する日韓条約を締結し、朝鮮に総督府も置いて、東洋の大国という国家目標を達成した。しかし、よくよく見ると、日本がにわかにおかしくなっていることも分かる。一方で、法学士の立場から見ると、四十四年三月に、初めての労働立法「工場法」が公布され、普通選挙法案が衆議院で可決された。法案は貴族院で否決されたものの、国民に一縷の希望を生みだしていた。

こうした出来事は、熊本に帰り、多感な青春期を過ごしている生徒たちと向き合った令之にとっては、一人の知識人として、国家権力の横暴さや社会矛盾を改めて考えさせられるきっかけである。同時に、不公平な政治・社会制度の在り方や貧しい農村問題などを解決するために、自分に何ができるかを考える機会でもあった。

四十五年七月三十日午前零時四十三分、明治天皇が六十一歳で崩御、十七分後の午前一時に大正天皇が即位し、元号が「大正」と改元された。明治天皇の容態が、二十日に「聖上御不例」と発表されたあと、「ご重態」「御大切」と変わり、国民の心配が深まっていた矢先だった。令之が熊本中学校に着任して三カ月後のことである。

カリスマ的な天皇として、日本の近代国家づくりを進めてきた明治天皇崩御のニュースは、国民に大日本帝国の秩序がひっくり返るような衝撃を与えた。大葬儀は、九月十三日午後十一時から青山練兵場（現在の明治神宮外苑）で行われた。御霊は午後八時に一発の号砲を合図に宮城を出発、沿道は、数十万の人波であふれ、あちこちですすり泣く声が聞こえた。日露戦争・旅順攻略を指揮した乃木希典夫妻が明治天皇の後を追って自宅で殉死したのは、東京の空に号砲が鳴り響いた午後八時だった。

熊本中学校でも、五高や他の学校と同様に遥拝式が行われ、鐘の音を合図に野田校長に続いて、教職員、生徒が静かに拝礼した。令之も涙をにじませながら、深々と頭を下げたことだろう。

令之が五高を卒業する前、三十六年五月に一高生が、大樹に「巌頭之感」を記し、日光・華厳の滝に入水自殺した事件があった。当時「人は哲学の為に死ぬことができるのだろうか」と話題になったが、明治天皇の崩御は、そんな個人的な感想で終わらせるようなものではなかった。令之の胸に子供の時代から深く刻まれていた天皇の存在は、日本国を一つの大家族に例えれば、天皇は父であり、令之も、また父親も天皇の赤子であった。

五高教授を務めた夏目漱石は、小説『こゝろ』で、主人公の「私」に「夏の暑い盛りに明治天皇が崩御になりました。其時、私は明治の精神が天皇に始まって天皇に終わったような気がしました」と語らせているが、令之も、おそらく、多くの国民と同様に「私」に似たような感慨を抱いたのではなかろうか。そして明治天皇の生涯が、近代日本の国家づくりと切っても切り離せない表裏一体の関係にあることを実感していたに違いない。日本の将来が、明治天皇の崩御に伴って、国家自体の秩序が不確かなものになっていくことにもつながっていた。

『日本の歴史――大日本帝国の崩壊』によると、熊本の言論人、徳富蘇峰は『大正政局史論』で次のように語った。

「国家の一大秩序は、実にわが明治天皇の御一身につながりしなり。国民が陛下の崩御とともに、この一大秩序を見失いたるは、まことに憐むべきの至りならずや」

日本は、明治という時代が終わり、歴史の転換を告げた。令之はまだ若い。新進気鋭の知識人としての誇りがあった。エネルギーもあった。令之の胸の中には、新しい秩序を求める野望のような気概が湧き上がっていた。

# 第七章　熊本国権党の「旗本八万騎」

## 「閥族打破、憲政擁護」を掲げた政党活動

明治天皇の崩御でスタートした大正時代は「大正政変」で幕を開けた。国民が政治の動向に大きな関心を寄せ、参加する時代の始まりであった。令之にとっても、大正時代の到来は、弁護士活動をしながら、政党活動にのめりこんでいく転換期だった。周辺を見回すと、令之の相談相手になっていた井手三郎が、明治四十五年五月の第十一回衆議院議員選挙に熊本国権党候補として熊本郡部から出馬し、初当選を果たした。令之は、熊本中学校に着任したばかりであったが、国会議員として、中央政界で活躍する井手の姿に刺激され、政治への関心を一段と高めたことだろう。令之の故郷、飽託郡は、熊本県政界に大きな影響力を発揮していた熊本国権党の「旗本八万騎」と呼ばれ、政治に関心の高い地域だった。

この章では、令之の政党活動にかかわる中央政界と熊本政界の関係をのぞいてみる。

まずは大正政変に触れなければならないが、この騒動は帝国議会の最大勢力・政友会を与党とする第二次西園寺公望内閣が、閣議で陸軍提案の二個師団増設を拒否したことから始まった。陸軍大臣の上原勇作が単独で天皇に辞表を提出したのである。その結果、西園寺内閣は、陸軍の協力を得られなくなり、総辞職に追い込まれる。

しかし、国民が声を上げたのは、二個師団増設問題というよりは、西園寺内閣に交代して、内大臣兼侍従長の桂太郎が、大正元年十二月二十一日に元老、山縣有朋の推挙を受けて、第三次桂内閣を組閣したことだった。宮中に入ったものが、再び、総理大臣として政治に携わることになれば、立憲政治体制は崩壊してしまう、との怒りだった。

国民の声は、犬養毅（立憲国民党）、尾崎行雄（政友会）らの言論活動で一気に高まり、全国各地で「閥族打破、憲政擁護」を掲げた第一次憲政擁護運動が広まった。新聞や雑誌も反対の声を上げ、大正二年二月五日には数万の民衆が国会議事堂を取り巻き、立憲国民党と政友会の議員を激励した。尾崎行雄が桂内閣不信任案を上程した国会の壇上で「玉座を以て胸壁となし詔勅を以て弾丸に代えて政敵を倒さんとするものではないか」と歴史に残る弾劾演説をしたのは、この日である。

一方、桂は、山縣有朋系の大浦兼武や後藤新平らとひそかに連携し、自ら新政党「立憲同志会」の組織作りを目指す。熊本国権党の安達謙蔵も「西園寺や政友会との妥協政治を繰り返していたのでは円満な立憲政治はできない」とする桂の意向を汲んで、桂の新党構想を支持した。しかし、新党づくりは、議会内で勢力を結集できず、桂内閣は、二月十一日、わずか五十日余りで退陣に追い込まれてしまう。

安達は『安達謙蔵自叙伝』の中で次のように記した。

「大同倶楽部を組織していた予らは、国民党の改革派と握手した……これらが新党組織の基礎となった。即ち立憲同志会なるものは、大同倶楽部と国民党の改革派が合して中軸をなし、之に無所属に属する議会内の有力者を糾合し、更に一方から新たに大浦（兼武）や後藤（新平）が参加して結成されたものである。準備成って新政党創立委員は帝国ホテルで会合し、桂公を創立委員長に推薦して党名を立憲同志会と称することに決定した。かくて二月二十四日、立憲同志会の総会を開催し、桂公も出席の上、綱領政策を決議し、之を天下に声明した。同時に党役員もそれぞれ指名発表された。予は党幹事に就任した」

しかし、立憲同志会の創立に力を入れていた桂は、党首になることなく、十月十日に死去した。後藤新平は、翌日夜、桂が加藤高明の総裁就任を支持していたことに反発し脱会した。

立憲同志会は、同二年十二月二十三日に加藤総裁の下に正式に結成された。熊本国権党は、翌三年一月に党議（総会）を開いて、安達代議士の主導で、立憲同志会熊本支部の結成を進める決議をした。

桂内閣後の首相には、薩摩海軍閥の大物、山本権兵衛が元老会議の推薦を受け就任。山本は、当時、首相官邸まで押しかけて桂に辞職を迫っていた、と言われている。山本内閣も多難な船出だった。外相、陸・海軍相を除く閣僚が全員政友会党員だったことから、憲政擁護運動を一緒に立ち上げた立憲国民党が政友会と関係を断絶したのだ。さらに政友会内部も混乱し、尾崎行雄が二十数人の代議士とともに脱党して政友倶楽部を組織した。挙句の果て、山本内閣のおひざ元である海軍で海軍高官による汚職事件「シーメンス事件」が明るみに出て、予算不成立で総辞職に追い込まれた。

大命は、熊本出身の清浦圭吾に下ったものの、組閣出来ず、三年四月、大隈重信内閣が誕生する。清浦内閣は、おいしい香りだけをかいだ鰻香内閣と揶揄された。大正時代は、わずか二年足らずに西園寺、桂、山本、大隈と四人の首相が誕生する政局波乱の幕開けだった。

ところで、この時代、熊本県政や経済界、教育界に影響を及ぼしていた熊本国権党と政府との関係は、どんな状況にあったのだろうか。簡単に云えば、同党は第二次西園寺内閣に対しては野党、第三次桂内閣に対しては与党、そして山本内閣に対しては野党、大隈内閣には与党である。大命を下され、成立した内閣が、自由民権運動以来、ライバル関係にある政友会（自由、改進両党の潮流）とどう向き合っているかによって、与党にも野党にもなった。いわば、政権と政友会との関係いかんが、対内閣のカギを握るバロメーターだった。

同党は、熊本で「皇室中心、国権主義」を掲げ、地元の政友会グループと激しく抗争を繰り返しながら、強力な保守地盤を築いていた。熊本で影響力を及ぼすためには、国会議員や県会議員の議席数が政友会を凌駕すること、そして中央政界にあっては、少数会派ながらも、元老とつながる吏党的立場であることが不可欠の要因だった。吏党的な立場になれば、県知事に対して影響力を発揮できる、それが出来なければ、政党自体の存在意義が問われてしまう。

実際のところ、同党は、熊本特有の保守的な基盤に支えられ、明治二十二年の第一回衆議院選挙で佐々友房、古庄嘉門ら六人（定数八人）を当選させて以来、大正六年の第十三回総選挙まで熊本で絶対多数の議席を占め、県会議員選挙も圧勝していた。また国会の場では、佐々友房が無所属、中央交渉部、国民協会（明治二十五年）、帝国党（同三十二年、佐々友房総裁）の会派を組織、さらに佐々が死去した後も、安達謙蔵が佐々の後を引継いで、大同倶楽部（明治三十八年）、中央倶楽部（明治四十三年）の会派を立ち上げ、少数会派ながら、山縣有朋とつながり、元老支配下の内閣に対して吏党的な役割を果たした。

国会活動は、佐々が目指していた「天下三分論」（三大政党論）の実践活動といわれている。これは元老、山縣有朋が画策していた「三党鼎立論」と同じ論法だった。

水野公寿氏も、熊本近代史研究会発行の『大正デモクラシー期の体制変動と対抗』で次のように記し、このことを裏付けている。

「政党内閣を排斥する彼（山縣のこと）は、自由民権の時代以来の二大政党とは別個に、藩閥勢力を支持する有力な第三党がつくられて、両大政党の間に介在してキャスティング・ヴォートを握り、政府はこの第三党を用いて二大政党を操縦しながら施政にあたることを理想の状態と考えていたのである。このようにみてくると、国権党の天下三分論は、山縣有朋の三党鼎立論と同一であり、国権党による一大吏党結成の実践は山縣有朋の三党鼎立論にそうものであったことが判明する」(『大正政変期の熊本国権党』より)。

水野氏の論は、熊本国権党を理解するうえで、貴重な意見だ。政局の方は、年を追うにつれて、党に変革を迫っていた。中央政界で政党論「天下三分論」を掲げた佐々友房のような党活動では、時代に対応できなくなったのである。国民は元老支配を脱し、憲政擁護を掲げた政党組織の確立を求めていた。

### 憲政会熊本支部常任幹事に抜擢さる

令之が熊本国権党に入党した時期は、いつだったのだろうか。中国大陸で活躍していた井手三郎は、帰国後の明治四十四年一月に熊本国権党の別動組織として結成された「東亜同志会」の幹事長を務め、国会議員になっていた。井手が所属していた国会の会派は、安達謙蔵が組織した「中央倶楽部」である。

井手は、安達と濟々黌在学中に佐々友房の薫陶を受けた同志である。初出馬で選挙運動を展開中の井手に対して、安達はなにかとアドバイスし、支援をしたことであろう。令之はそんな安達の活動に感化され、安達を政治の師として熊本国権党に入党したのかもしれない。

令之は、大正四年三月に熊本中学校教諭を辞職すると、弁護士活動の傍ら、熊本国権党の若手党員として、熊本政界の表舞台で政党活動を本格的に開始した。同月二十五日には、大正時代になって初の国政選挙「第十二回衆議院選挙」が行われた。この選挙には、熊本から熊本国権党の領袖、安達謙蔵や盟友の平山岩彦、山田寿一、井手三郎らが立候補した。しかし、選挙結果は、熊本国権党勢力にとっては、思いもかけない事態を招いていた。初陣の平山や山田、二期目の井手は当選したものの、党を代表し、国政の場で活躍している安達が落選してしまったのである。この選挙では立憲同志会（加藤高明総裁）百四十四議席、立憲政友会（原敬総裁）百六議席。のちに首相となる浜口雄幸が初当選している。

平山のとった行動は、素早かった。当選を辞退し、代わりに補欠当選だった安達を国政に送り込んだ。九州日日新聞（大正四年三月三十日付）によると、平山の希望は「政局の大勢を担うべき立憲同志会の活動と我が党との中央に置ける進展とに関する事、少なからざるを以って、氏を議政壇上に置く必要あり」というものだった。かくして、熊本国権党は、安達のピンチを救った。

平山は、安達と共に閔王妃殺害事件に関わり、釈放後に濟々黌の舎監を三年間、務めていた。令之にとっては、平山は、政党活動の大先輩であるとともに、濟々黌に在学中の恩師の一人でもあった。改めて、平山の愛党精神に胸を打たれるとともに、政党人安達の存在の大きさに気付かされたことだろう。

令之は、同年五月十四日に開催された熊本国権党議（総会）で、党幹部の重責、常任幹事に選出されている。異例の抜擢人事だった。

党議は午後一時から熊本国権党の事務所がある「鎮西館」で始まった。長老の大谷高寛（代議士）を座長に議事が進み、政務委員の安達謙蔵が常任幹事に平山岩彦、江島永年、川上直行、そして令之の四人を指名、決議事項とともに満場一致で採択された。令之が政党人として歩き出した記念の日になった。

決議事項は、規約改正を始め六項目だった。注目されるのは、常任幹事や常任委員、政務研究会理事の幹部人事が刷新され、新進気鋭の若手が登用されたこと、各郡に支部が設置され、組織体制を強化したこと、そして立憲同志会熊本支部の設置が正式に決められたことである。令之は気鋭の若手幹部として注目される人物となった。

支部の看板は、翌日、鎮西館に掲げられた。このことは、熊本国権党が佐々友房の「天下三党論」（少数政党ながら吏党として存在）を事実上、棚上げし、国会の場では、立憲同志会の看板を掲げて、ライバルの政友会と対決することを内外に示すことでもあった。

立憲同志会は、大正五年十月十日に「憲政会」と名称を変え、新たなスタートを切った。この新政党は、大隈内閣の法相を務めていた尾崎行雄らが、立憲同志会を主軸に安定政権を築こうと画策し、中正会、公友倶楽部など少数会派に呼びかけて結成したものである。総裁は立憲同志会総裁の加藤高明が就任し、総務には尾崎行雄、若槻礼次郎、浜口雄幸、高田早苗、武富時敏、片岡直温とともに熊本国権党の安達謙蔵も選出された。その結果、衆議院の議席数は、定数三百八十一のうち、憲政会が百九十九となり、政友会を上回って一大勢力となった。

一方、憲政会結成の舞台裏では、大隈重信（第二次大隈内閣）と元老、山縣有朋との間で、後継首班をめぐって、大変な確執があったといわれている。

表ざたになったのは、憲政会結成六日前の四日のことだった。首相辞任の決意を固めた大隈は、宮中に参内し、後任首相に憲政会総裁に内定していた立憲同志会総裁の加藤高明を推薦した。ところが、これを知った山縣は、直ちに他の元老を招集し、大隈の意向を無視して、山縣と同じ長州閥の寺内正毅を後継首相として天皇に推薦、天皇も寺内に大命を下した。山縣が画策したのは、大隈らが目指していた政党内閣成立を抑え込み、官僚主体の非立憲内閣を誕生させることにあった。

寺内内閣の発足は、憲政会結成の前日の十月九日だった。これにより、憲政会は、寺内内閣打倒に執念を燃やすことになり、寺内もまた、政党内閣を目指す憲政会を目の敵にすることになる。

熊本では、熊本国権党が憲政会結成二カ月後の十二月九日午前十一時から公会堂で加藤高明総裁、尾崎行雄総務ら党幹部を迎え、三千人が出席して盛大に憲政会熊本支部の発会式を行なった。政談大演説会も開催した。

令之は、熊本国権党の若手幹部である。東京から来熊した憲政会幹部の世話や大演説会の責任者として奔走した。

発会式は、安達と同じ政務委員の代議士、山田珠一の開会挨拶で始まり、規約四条が読み上げられた。同支部の規約はすべて熊本国権党の規約を準用し、役員もすべて同党の役員が充てられた。

宣言、決議は、平山岩彦（のちに代議士）が朗読した。宣言は「皇室中心主義に基づき政党活動を行うは我が帝国の憲法政治を完成する所以なり」で始まり、決議では「吾人は憲政の本義に則り閥族内閣を排し国民を基礎とする責任内閣の成立を期す」と謳いあげた。この決議を見ると、安達謙蔵が桂内閣発足の折に元老の山縣有朋の意向に沿って桂出馬に尽力した当時の政治姿勢に比べると、様変わりしていることが分かる。

「政談大演説会」は、相撲館（今の熊本市・辛島公園内）で午後一時開会だったが、午前中から聴衆が続々と押しかけ、廊下までぎっしり埋まり、尾崎行雄、鈴木寅彦、岡部次郎、山田珠一ら幹部が弁士となり、痛烈に寺内内閣を痛罵した。最後には、令之の紹介で尾崎行雄が紋付き袴のいでたちで再登場し、身振り手振りしながら「元老を倒さなければならぬ」とよく通る、底力のある声を響かせて元老退治の「獅子吼」をやった。

九州日日新聞は、尾崎が中腰になって聴衆の前に突っ込んでいく様子を伝え「聴衆は尾崎さんが体を揺すれば揺すり、右に左に尾崎さんのする通りに体を動かして熱心に聞きほれている。尾崎さんが元老勦《そう》滅の理由を述べてから最後に『吾々は現内閣を倒す前にこの元老を全滅せしむることが必要である、元老さえ跡を絶てば現内閣のような貧弱な内閣は自滅してしまう』と熱弁を振るった」と報じた。

令之は、尾崎の熱気あふれる獅子吼、そして熱狂する聴衆たちの様子に圧倒されたことだろう。国民が「閥族打破、憲政擁護」をいかに願い、政治家に何を期待しているかが、びんびんと伝わってきた。閥族打破、憲政擁護の実現は、「普通選挙」への取り組みとともに、政治家の道を歩き出した令之の活動の原点となった。

# 第八章　弁護士活動に情熱　陪審制導入へ全力

## 観音堂の内壁に令之の裁判記録

熊本市中心部に弁護士、法学士の肩書を掲げて事務所を開業した令之は、どんな裁判に関わっていたのだろうか。具体的な弁護士記録を見付けることが出来ずに困り果てていた頃、私は、インターネットで偶然、熊本県・山都町在住の郷土史家、田上彰氏（司法書士、行政書士）が、令之の残した「原野所有権裁判記録」について言及されていることを知った。

令之が弁護活動を引き受けていたのは、熊本市の東方、山都町・白小野集落（下矢部地区）の住民が細川家藩士S家から明治八年に払い下げを受けた浦野と呼ばれる原野をめぐる土地紛争事件だった。

原野は、白小野地区の住民にとっては「牧畜飼料に欠かせない、そして生活に必要な萱草の産地」だった。このため、白小野地区は、明治八年に、S家と交渉し、同家の所有地の払い下げを

令之が法廷に通っていた熊本地方裁判所

求め、その代金として白小野地区の田地（一反一畝二十九歩）を売却したうえ、不足代金を補うために各戸がお金を出し合って、譲り受けた。ところが、大正五年十二月に至って、S氏から白小野地区の住民を相手取り、払い下げた土地の所有権確認請求事件の訴訟が起こされ、熊本区裁判所で住民側の敗訴が決まった。白小野地区にとっては、この地で、長年にわたって、牛馬の餌を確保し、生活を支えてきた、かけがえのない場所であった。このまま負けるわけにはいかない。そこで地域民たちが頼ったのが、熊本で弁護士を開業したばかりの令之だった。

令之は、委任されると、直ちに熊本地方裁判所に控訴を申立て、数回の口頭弁論及び実地検証の末、原判決を廃棄し、控訴審で地域住民側の勝訴を勝ち取った。原告側は、上告したものの、これもまた住民側の勝訴となった。原告側は、ほかにも大正七年十二月に御船区裁判所に払い下げ土地の取り戻しを求めた訴訟を起こしているが、これもまた勝訴の見込みがなかったのか、十年十二月に訴訟を取り下げている。

地域住民にとっては、大きな勝利だった。令之もまた、在野法曹界で働く一人として弁護士冥利に尽きると、嬉しかったことだろう。

田上彰著『山都町郷土史よもやま咄』によると、令之は、この事件が「四十有余年前の出来事に係り其の事実を聞知するもの甚だ少なく最も困難なる事件」だったとして、事件解決に功績のあった人々の名前を挙げたうえ「今や係争六年浦野が集落民の永久の安宅となりしこの事実を記念する為ここに碑を立て」「当時の追憶を記し永久集落民の子孫に之を記念せんとす」としたためている。

かくして白小野地区の住民たちは、令之の勧めもあってか、裁判が勝利に終わった後、令之の裁判勝訴記録を記した「記念碑」（石積み基壇を含む総高二メートル六十六センチ）を立てた。

碑石の裏面には大正十一年三月の日付で、弁護士小山令之と当時の区長、坂本又蔵、東国平の名前を始め、世話人二人、寄付者六人、そして四十五人の地域民の姓名が併記されている。

記念碑は、現在も、白小野集落の小高い丘の上に保存されている。しかし、田上氏によると、記念碑に書かれていた裁判記録（小山令之撰書）が消され、板書が白王山円福寺の内壁に残されている、という。その碑の記録がいつ、だれによって消されたのかは、分からない。令之の弁護士活動を追いかけていた私にとっては、田上氏の調査レポートは、新鮮かつ有難い記録だった。

山都町・白小野地区の丘の上に建てられている小山令之の裁判記念碑

令和五年六月十七日、私は、熊本市中心部から一時間半、車で曲がりくねった山合いを抜ける国道四四五号線を経由して、九州のほぼ中央に当たる山都町（平成十七年二月に矢部町、蘇陽町、清和村が合併）を目指した。世界最大級の阿蘇カルデラ南外輪山の南側にあたり、九州中央山地にも接した自然環境に恵まれた「山の都」である。江戸時代に水不足に悩む白糸台地へ水を届けるために住民総出で建設した日本最大級の水路橋「通潤橋」が国宝に指定されており、観光客の姿もめっきり増えている。

まずは山都町学芸員のご紹介を受けた町立図書館に出向き、参考資料『白小野の歴史と信仰風土記』（倉岡良友著）をコピー、そして白小野集落へ向かって国道二一八号線を走った。十分もかからなかっただろうか、左手の民家の塀に「白王山円福寺二十五番観音札所」と書かれた案内板が目に入った。車を停めて、出会った婦人に板書の話を聞くと「この小道を上っていくと、長い石段が見え、その上に観音堂があります。そこですよ」

熊本県山都町白小野の山あいにたたずむ円福寺観音堂

円福寺観音堂内の壁にかけられた裁判記録の板書（一部）

と話してくれた。

観音堂は森の中にひっそりとたたずんでいた。靴を脱ぎ、一礼して扉を開けて、堂内に入ると、正面にはご本尊の観音立像、右手に阿弥陀仏、左手に不動明王の立像が安置され、左手の側面の壁に、末尾に「弁護士法学士小山令之撰書」と記された「裁判記録」の板書があった。私が初めて自分の目で確認した、在野法曹人・令之の弁護士記録だった。

福岡に帰り、図書館で教えていただいた田上氏に電話をかけた。田上氏は文字を消された記念碑について「日本文化の一つに争いごとをいつまでも残さないように水に流すというものがありますが、消されたはずの記念碑の文字が今も残っていることも、面白いですよね。しかも板書が残されている場所は、三十三カ所霊場観音札所の二十五番札所である円福寺のお堂の中です。当時の人々が、いったん消した文字なのに捨てきれず、観音様にこの問題の処理をお任せしたのではないでしょうか」と話している。

令之が地域住民のために奮闘し、勝訴にこぎつけた裁判記録が掲げられたお堂には、今日も近くの人が、ろうそくに火をともし、静かに手を合わせていることだろう。かつて土地紛争の舞台となった白小野地区は、今は太陽光発電のパネルが並ぶ、新たなエネルギー基地に変貌しつつある。自然環境との調和といった新たな課題も生まれている。

## 酒も好きで政治も好きで……

ところで、令之が弁護士事務所を開業した「大正時代」について、弁護士たちの周辺を探りながら、令之のその後を追いかけてみる。

大正時代は「大正デモクラシー」の言葉で代表される。高校生が参考書に活用している『日本史用語集』（山川出版社刊）をめくると、大正デモクラシーについて「産業の発展、市民社会の成立、第一次世界大戦当時の世界的なデモクラシーの風潮を背景に高揚した大正期の自由主義、民主主義的風潮、民本主義でその理論を固め、普通選挙の一応の成果を収めた。左翼運動の高まりとともに衰退した」と書かれている。

大正デモクラシーの始まりは、東京帝国大学教授、吉野作造博士が大正五年発行の雑誌『中央公論』（一月号）に「憲政の本義を説いて其有終の美を済すの途を論ず」という論文を発表したことがきっかけといわれている。

吉野博士は、デモクラシーを「民本主義」と訳し、明治憲法との衝突を避けながら、伝統的な政治学説「君主主権的国家主義」を批判した。この論文をめぐって、法曹界を始めとする多くの知識人が、立憲政治の本義を説く説として受け止め、美濃部達吉の憲法講話「天皇機関説」と並んで歓迎した。令之が法律事務所の看板を掲げてから二年目、白小野地区民が一審裁判で元細川藩士との原野所有権裁判に敗北し頭を痛めていた頃である。

令之は、東京帝国大学時代に美濃部博士の「憲法学講座」を学び、美濃部学派グループ教授とみられていた戸水博士から大きな影響を受けていた。「民本主義」を掲げた吉野博士も、美濃部学派の流れである。令之もまた、吉野博士の説を時代に合った、当然の主張と考えていたことだろう。「民本主義」は国民的な盛り上がりを見せていた「閥族打破」「憲政擁護」運動の理論的な根拠にもなった。

当時の社会は、令之ら弁護士たちをどのように見ていたのだろうか。熊本の場合を見ると、弁護士は、高学歴で地域社会のエリート層であった。周囲の人から「政治家になり、地元の為に活躍してほしい」と期待され、学生時代から政治家を志し、目標達成のために弁護士稼業を選んだ人もいた。事実、弁護士をしながら、市会議員や県会議員、国会議員を務めた人がいた。令之もまた、同じコースを歩いた一人である。

多くの弁護士が政友会か、熊本国権党か、いずれかの党派に属していた。彼らが政治家に選出された状況をみると、地域の期待を担い、法律知識を駆使しながら、社会正義の実現や人権擁護を掲げ、時代の要請にも応える立場にあった。

彼らは経済的にも恵まれていた。多くの弁護士が人力車夫を抱え、人力車に乗って熊本城近くの高台にある熊本地方裁判所に出廷した。中には人力車のホロに家紋を入れ、シートにトラやヒョウ、クマの皮を敷いていた人もおり、町の話題になった、という。

法服姿も注目された。法廷では明治二十六年公布の司法省令により、弁護士は、黒色を地色にした法服、帽子（冠）を着用することが決められ、いずれも白糸で紋様が縫着されていた。令之の写真を見ると、法服の紋様は雲紋で、冠のような帽子には、唐草模様の飾りがついていた。検事は赤糸で法服と帽子に紋様があしらわれていた。

法廷では、裁判官が紫糸の紋様があしわれた法服を着て、菊の紋をバックにローマ法皇の椅子のような、背もたれの高い椅子に座って、廷内を見下ろしていた。検事の席も裁判官と同様に一段と高くなっており、弁護士の席は、明治時代初期の代言人時代の名残りからか、原告、被告と同じ高さに位置していた。

廷吏も威張っていたという。令之の五高、東大時代の後輩弁護士、林靖夫は、当時の廷内の様子について『熊本県弁護士会史』の中で、次のような話をしている。

「裁判が済むと、廷吏が下がれと言った。カンシャクに障るものだから、所長に抗議しました。

罪人ならともかく、弁護士に下がれとは何事かというわけです。そしたらあれは侍上がりで昔の白州の名残が残っとるからこらえてくれと言われた」

大正デモクラシーの時代とはいえ、法廷には、江戸時代の白州で行われたような、お裁きの名残りが残っていたのだろう。令之もまた林弁護士と同様に在野法曹界の一人として、悔しい思いを抱いていたかもしれない。

令之ら熊本国権党に所属する弁護士は、小作訴訟や土地所有権争いといった民事訴訟で、地主側や資本家側に立つ政友会派の弁護士と激しい論戦を交わしていた。しかし裁判の場を離れると、党派を超えた仲の良い、法律家仲間だった。退廷後、弁護士たちは、しばしば人民控室と呼ばれていた平屋建て家屋内の料理屋に立ち寄り、仲居さんの酌で昼間から酒を飲み、口角泡を飛ばして政治談議をした。挙句に連れ立って、街の料亭に押し掛けて、朝帰りすることもあったようである。

令之もその一人である。林靖夫が当時の弁護士たちの脱線ぶりを伝えているが、そこには「小山さんはとても真面目だった。それで芸者屋に連れて行った。そして私が好いとったお染という女性を紹介したら、それからもう無茶苦茶、私以上になってしまった」と令之の艶話を面白おかしく紹介している。

その頃の話だろうか、長女麗子がこんな思い出を語っていた。

「ある日、父がいつものようにお酒を飲んで帰ってくると、母が玄関間に正座して、結婚当時に携えてきた守り刀を前に置いて出迎えた。父を刺して、自分も死ぬつもりではないかとびっくりした。父もあわてていた。当時の父は、政治活動も盛んにしており、家に帰ってくるや、お酒を吐いてから、それから次の宴席に出かけることもしばしばで、私はそんな父の姿を見るのが嫌だった」

一方で、長男の岑雄は、令之のもう一つの顔も語っている。

「父の生活は、裁判所、弁護士会、検証、宴会などとやたらに忙しかったようでしたが、勉強だけは夜遅くまで続けており、夜遅く帰ってきてから書斎で厚い金文字の厳かな本を積み重ねて読んでいました。子供ながら、お酒を飲んでよくもまあ、難しい書物を読めるもんだとあきれたこともありました。当時の弁護士さんは、みんなお酒が好きで、政治が好きで、よく飲み、よく唄い、また議論ばかりしていたようでした」

令之は、のんびりしたところもあったようで、裁判開始日に遅刻して、何か重大な事でもあったのかと、周囲をやきもきさせた。しかし人望があったのだろうか『熊本県弁護士会史』の人物評には「悠々恬淡醇乎たる風骨の所有者であった」と記されている。心に混じりけのない、無欲でさっぱりしたところがあったのだろうか。

令之は、大正七年四月から熊本弁護士会の常議員に選出され、大正十四年、昭和二年と二期にわたって、会長を務めた。役職仲間の常議員には、後輩の林靖夫や平野龍起が選出され、令之の良き相談相手だった。肥後モッコスらしい頑固さがあったようで、会長時代に後輩弁護士を厳しく叱ることも多々あった。その一人は、白アリに食われて被害に遭った弁護士控室の家屋の改築問題が出た折に「予算がないから改築できなくてもしようがない」と言ったところ「予算がなくて仕方がないなんて、弁護士の癖になんて生意気なことを言うか」と怒られたと述べている。改築費用は、裁判所に頼らずに弁護士会が支出し、改築にこぎつけた。

熊本弁護士会は、大正九年三月と十四年三月に九州沖縄連合弁護士会を開催した。十四年の第二十回大会は、令之が会長就任直前で、事実上の総責任者として采配を振るった。

その頃、熊本市は近代的な都市づくりを掲げ、三大事業「市電開通、水道供給、第六師団第二十三連隊の移転」を記念した大博覧会（三大事業記念共進会）を開催していた。熊本弁護士会も全面的に協力し、宣伝活動に取り組んだ。宴会の場では、県外からも招待客を呼び、平野龍起ら弁護士たちが芸妓のお囃子に合わせ、張り子をかぶって「達磨踊り」を群舞し、大喝采を博した。遊びにたけた弁護士たちの出番だった。

平野龍起は、一高（東京）の出身だが、林靖夫とともに令之の東京帝国大学法科の後輩だった。熊本市議会議員、副議長、議長を経て、昭和十七年に第十一代熊本市長に就任した。妻の松枝は戦災孤児の救済に生涯をかけた才媛として知られ、長男の龍一は、五高、東大と進み、法曹界の権威となった。東京大学総長を務めたことも知られている。令之は家族ぐるみの付き合いをした。

熊本市長と言えば、令之の法律事務所に学僕（書生）として出入りしていた石坂繁がいる。令之と同じく、濟々黌、五高、東京帝大に進み、弁護士となり、日本の三大小作争議と呼ばれた郡築争議の弁護士をつとめ、和解にこぎつけた。令之にとって、弁護士生活は、郷土の逸材と出会うことができた時代だった。

### 模擬裁判で検事や裁判長役

弁護士活動中、令之が最も情熱を傾けたのは、司法界に「陪審制度」を導入することだった。『龍南人物展望』を始めとする数々の同窓会人物紹介欄には「小山は文科出だが、大学では法科をやり、卒業後は民間にあって、法律新聞に関係して、この時代に陪審制度の紹介をして有名になった」と書かれている。図書館に出かけ検索してみたが、該当する記事を探し出すことはできなかった。

陪審制度は、幕末から明治にかけて、福沢諭吉の『西洋事情』を始め、数多くの啓蒙思想家たちによって紹介されているが、日本人として初めて陪審裁判を見聞したのは、明治四年から同六年にかけて、岩倉具視を特命全権大使とした視察団のメンバー大久保利通、木戸孝允、伊藤博文らがパリ高等法院を訪れたときだったという。彼らは、陪審制度は日本人に合わぬと問題にしなかった。

日本近代法の父と呼ばれたお雇い外国人学者ボアソナード（フランス人）も、重罪犯への陪審制導入を盛り込んだ「治罪法草案」を策定した。これも政府・元老院会議が反対し、陪審裁判の実現に至らなかった。

国内で陪審裁判導入が本格的に議論されるようになったのは、大正デモクラシー時代に入り、政友会総裁、原敬が大正七年九月二十九日に政権を担ってからである。原に陪審裁判の導入を決意させたのは、政友会代議士から多くの逮捕者を出した疑獄事件「大日本製糖事件」や幸徳秋水ら無実の社会主義者が処刑された「大逆事件」だった、と言われている。

原敬は、組閣すると、司法大臣を兼務し、翌八年七月には臨時法制審議会を設け、陪審法制定の可否を審議に付した。

原敬には二つの動機があった。一つは人権擁護の立場からである。大日本製糖事件をみると、衆議院議員や府県会議員が容疑不十分にもかかわらず、検事、警察官に拘引され、ひとたび拘引されるや必ずと言ってもいいほど有罪の判決が下される情勢だった。こうした司法への不信は、政党総裁の立場からも許してはならなかった。

もう一つは、立憲政治擁護の立場である。大逆事件のように検察、警察のでっち上げにより、無実の者が天皇の名において罰せられることになれば、国民の司法への恨みが天皇に向かい、天皇に累を及ぼすことになりかねなかった。これは立憲君主制度の危機につながった。

原首相は、同年十月に開催された第一回臨時法制審議会総会で「陪審制度は西洋のほとんどの国が採用している制度である」ことを強調し、民衆が参加する司法の在り方を訓示した。これにより、陪審制度の導入は、大正デモクラシーの潮流に乗って、全国各地で陪審制度促進講演会が開催されるようになる。十年二月に明治大学記念講堂で開催された日本弁護士協会主催の講演会には、約三千人が押し掛け、大盛況だった。

熊本では、東京に次いで全国で二例目の模擬裁判が熊本弁護士会の後援で行われ、大盛況だった。これは同年一月三十日に熊本市公会堂で開催されたもので、裁判の題材は、当時、大阪毎日新聞に連載された人気の新聞小説「真珠夫人」（菊池寛著）だった。あらすじは、美貌の夫人に結婚を申し込んで断られた一高生が、夫人の隠された事情も知らずに、夫人を妖婦と勘違いし、刺殺したあげく湖に投身自殺を図る、というものだった。模擬裁判がどんな展開で行われたかは、記録を見付けることができなかったが、模擬裁判のテーマは、発起人であり、発案・企画した林靖夫が刑事事件に脚色したものである。

令之は平野龍起や牧野義明とともに模擬裁判の発起人となり、検事の大役を務めた。『熊本県弁護士会史』によると、大阪毎日新聞熊本支局では、この日のために読者三百名に及ぶ婦人見学団を組織し、会場の大公会堂は、傍聴人で立錐の余地ない盛況ぶりだった、という。模擬裁判の裁判長は、元裁判官の河野新吾、陪席判事は、平野龍起ら二人、弁護人には林靖夫ほか四人、被告人には、歌人として活躍していた五高生のほか、熊本在住の歌人五人が務めた。殺害された「真珠夫人」役は、熊本弁護士会の事務員が担当した。

陪審員には、熊本県立濟々黌黌長、井芹経平、熊本県立熊本中学校校長、野田寛ら教育関係者をはじめ、宗教界、市議会議員、商工団体代表、新聞記者等、地元を代表する知識人が大挙して

模擬陪審裁判で裁判長役をつとめる小山令之（右端）。大正13年3月18日

選ばれた。当時の国民が裁判の在り方に疑問を抱き、法廷の場が人権擁護の砦になることを期待していたことの証しだった。国民の司法への不信が募っていたのである。

陪審法は、十二年四月十八日に公布され、熊本では、いち早く、熊本弁護士会が主体となって、各警察署や市町村役場と連携して、巡回模擬裁判や宣伝活動を展開した。

大正十三年三月十八日には、九州日日新聞社の大広間で二回目の大掛かりな模擬陪審裁判が行われた。熊本市の有力婦人団体が主催したイベントで、令之は、今回は裁判長役を務めた。事案は、職人の男が内縁の妻を傘骨削りの刃物で襲った殺人未遂事件である。検事が懲役三年を求刑し、弁護側は、殺意なしとして執行猶予を求めた。令之は陪審員の評決を受け、殺人未遂罪を傷害罪として執行猶予の判決を下している。

令之は、熊本弁護士会会長として、昭和二年六月十一日に東京・司法省内で開催された全国弁護士会長、司法部長官合同協議会に出席し、熊本が取り組んだ陪審模擬裁判について報告した。協議会では、こうした報告をもとに活発な論議が繰り広げられ、国民へ陪審に関する知識を広めるための講演会や冊子による宣伝活動の徹底を決議した。また全国各地の裁判所で陪審法廷づくりが始まり、熊本地方裁判所でも、陪審法廷と陪審員宿舎建築が始まっている。

施行日は昭和三年十月一日。この記念すべき日に昭和天皇が東京地方裁判所に行幸し、陪審法実施の勅語を下賜した。勅語の文言は「司法裁判ハ社会秩序ヲ維持シ国民ノ権義ヲ保全シ国家ノ休戚之ニ繋ル今ヤ陪審法施行ノ日ニ會シ一層恪勤奮励セヨ」である。

この日は、のちに「司法記念日」となり、今日まで続いているが、さらに注目されることは、当時、司法省が国民の陪審の知識を広めるために中学校の教科書で取り扱うことを決めたことである。小学校の教材から除かれたのは、小学生にはむずかしいということが表向きの理由だったが、実際は陪審員に選ばれる資格者が、直接税三円以上を納めたものに限られていたことも、背景にあったとされる。

日本で初めて実施された陪審裁判は、大分地方裁判所で行われたとされるが、東京地方裁判所では、同年十二月十七日に開かれた。

熊本で初の陪審裁判が開廷したのは、翌四年一月二十九日である。事案は、熊本県飽託郡池上村出身の僧侶が実弟を殺した殺人事件で、被告が殺意を否認したことから、陪審裁判に付与された。

同裁判では、陪審員から「殺人」の評決があり、懲役十五年の判決が下されている。官選弁護人は、令之の元で学僕をした石坂繁だった。国民の司法参加に情熱を燃やしていた令之は、どんな感慨を抱いてこの日を迎えただろうか。令之にとっては、陪審員制度は、在野法曹人としてやることができる「人権擁護」の砦の一つだった。ところが陪審裁判は、年を追うにつれて少なくなり、十八年四月一日に停止されることになる。陪審制度の導入は、平成二十一（二〇〇九）年、裁判員制度と形を変えて実施された。戦後になってもなかなか実現しなかった「司法の民主化」について、令之が生きていたら、どんな思いを抱いただろうか、尋ねてみたくなる。

# 第九章　政党抗争下、普通選挙実現を掲げて

## 県会議員として活躍　落選の失意も

令之は、大正七年十月五日投票の熊本県会議員補欠選挙に熊本国権党＝憲政会熊本支部から立候補し、初当選を果たした。この選挙は、同党所属の橋本貞彦（飽託選挙区）が八月に死去したことに伴って行われたもので、令之は、初出馬ながら有権者総数二千七人のうち、千七百四十二人の票を獲得し、大差で政友会の候補を破った。令之の得票数は、県会選挙始まって以来、最も多い得票だった、と言われている。

令之は張り切って、議員活動を開始した。一年生議員ながら、教育問題や道路建設問題、産業問題など積極的に質問や建議をし、弁舌家としても注目を集めた。

令之が県会議員として政治活動を始めた「大正七年という年」は、日本にとって大きな転機を

迎えた年である。以来、令之を取り巻く中央政界、熊本政界は、どのように推移したのだろうか。七年は、明治と昭和にはさまれた真ん中の時期に当たる。第一次世界大戦下の世界的なデモクラシーの風潮を背景にして、自由主義、民主主義的な風潮、いわゆる「民本主義」の潮流の中にあった。

大正文化と呼ばれる新しい風も吹き、四月に策定された国定三期教科書の国語読本『ハナ　ハト　マメ』は、国際協調の精神を盛り込んだ近代的な教科書として話題を呼んだ。鈴木三重吉主宰の童話雑誌『赤い鳥』が創刊され、人道主義白樺派の武者小路実篤らによる「新しき村」の建設も始まった。

一方で、国家権力は、言論への圧力を強めた。寺内正毅内閣弾劾を掲げた関西新聞記者大会を報道した朝日新聞の記事「白虹日を貫けり」が天皇制を暗に批判していると問題化し、編集幹部を新聞紙法違反で起訴した。右翼思想家、満川亀太郎、大川周明らによる思想研究団体「老壮会」も結成された。今日では、この民間団体の誕生によって、日本が日本的ファッシズムの第一段階に入ったと解説する人もいる。

経済も不振に陥った。第一次世界大戦（大正三年勃発）が十一月に終わりを告げ、戦時下に特需景気に沸いていた国内景気がにわかに悪化した。きっかけは、寺内内閣（非立憲内閣）が八月に居留民保護を名目にシベリア出兵を宣言したためである。

米価が暴騰し国民の生活が苦しくなり、富山県を皮切りに全国各地に米騒動が波及した。熊本では市内の小学校で昼の弁当を食べることができない欠食児童が続々と生まれた。労働争議や小作争議も広がった。水害や台風の被害も出た。東大教授、吉野作造らの呼びかけで東京大学に「新人会」が生まれたのも、この年の暮れだった。

内閣は、九月二十九日、寺内内閣が交替し、政友会総裁の原敬が組閣した。大臣が、陸海外務の三閣僚以外、すべて政友会で、日本初の政党内閣誕生だった。

原首相が平民だったことから国民の話題になり、大正デモクラシー運動の象徴でもある普通選挙運動の実現と司法の民主化、民衆化を進める陪審裁判導入へ期待が高まった。しかし、前章で触れたように、原首相は陪審裁判導入に積極的だったものの、普通選挙実現については「時機尚早」として消極的な姿勢に終始した。資本家、地主勢力を支持基盤とする政友会が、普通選挙に反対していた。令之らの落胆も大きかった。

九年五月の第十四回衆議院選挙は、政友会が憲政会に圧勝した。憲政会の敗因は、政友会側が「普通選挙が実現すれば、国民に危険思想を助長することになる」と攻撃したことに加え、大選挙区から小選挙区制への移行、官憲の選挙干渉等が大きく響いたとされる。元老たちが「憲政擁護」を掲げる憲政会の活動が藩閥官僚勢力に対抗した運動である、とみて、警戒を強めていたことも憲政党不振につながった。

熊本も衆議院議席定数十のうち、政友会が八議席を占めた。熊本国権党（＝憲政会）の当選は、安達謙蔵と山移定政の二議席だけだった。熊本政界で政友会の国会議員数が熊本国権党を上回ったのは、初めてだった。

県政界では、令之が補欠選挙で当選した一年後の八年十月五日に県会議員選挙が行われた。令之は飽託選挙区（定数五）に立候補したが、次点となり落選した。県議生活一年で失意の身となる。同区の当選者は、国権党三人、政友会二人だった。

令之の落選は、補欠選挙の得票が多かったことから、政友会に対抗して、定数五議席の飽託選挙区に四人の候補を立てたことが災いした。敗因はこれだけではなかった。詳しくは後で触れるが、令之にとって落選の経験は、一人の政党政治家として、政友会に対するライバル意識を一段と燃やす契機になった。弁護士活動に励む一方、党務に駆け回る日常が始まった。

この県会選挙の結果を見ると、熊本では、憲政会（熊本国権党）が四十議席のうち二十二議席（政友会十八議席）を占めていた。しかし、前回選挙（大正四年）が熊本国権党二十六議席、政友会十四議席だったのに比べると、その差はわずか四議席に縮まっていた。なんとか第一党の面目を保っているものの、もはや、熊本は「国権党の城下町」といった呑気なことは言っておられない。令之も責任を痛感せざるを得なかっただろう。

議席減については、色々と理由があろう。同党の言い分は、知事が行った選挙干渉の悪弊の為だった。『熊本県史』（近代編第三）や『熊本県議会史』（いずれも熊本県発行）も、原内閣発足に伴い、八年四月に着任した政友会知事、川口彦治による政友会党勢拡張策が大きく影響している、と記録している。少し長くなるが、『熊本県史』から一節（原文通り）を紹介すると……。

「（川口彦治知事は）熊本に就くや、原の意を体し、非政友派圧迫のため、熊本政友会の幹部と通謀し、その乾分を引きて、県政の要路に配し、順次干渉の準備を整え……一方に行政権を濫用し、自治の監督を名として、町村長助役を圧伏し、警察権を悪用して、質屋、湯屋、古物商、料理屋、理髪店、薬屋などを威嚇し、その小過を探ねては、それを盾に取り、政友会に入党を強要し……総選挙には未曽有の圧迫、大干渉を行い……県下に於ける、学校道路、橋梁、築港、等の諸問題、悉く其禍を蒙らざるなく……と批判されるの実情であった（この項は『熊本県政攪乱史』の引用とみられる）。人吉中学、御船中学、大津中学、甲佐高女、あるいは高森線の敷設など、ことごとくその地域の政友会への集団入党を前提にしていた。これにはもちろん明治十六年以来、多数派国権党の横暴にたいする積年の恨みもあって、党勢を一挙に覆そうとする政友会側のはげしい焦りも作用していた……」

『熊本県議会史』も「川口彦治の政友会党勢拡張策が大いに働いている党利党略を否定できない。明治十六年以来の熊本国権党＝憲政会の牙城もようやく揺らぎだした」と記述している。

こうした資料の数々を読むと、時の政権や与党政党が地方自治体や警察に働きかけて、党利党略のための抗争を繰り返している政治状況が分かり、その生々しさに驚かされる。当時は、内閣が替わると、知事も警察幹部も一斉に替わっていた。

落選で党務に専念するようになった令之は、中央政界で活躍している安達謙蔵らと密接に連携し、原内閣に対して緊縮財政とシベリアからの撤兵、労働組合の公認を求めるなど、一段と政治活動に情熱を燃やした。

中でも、令之が力を入れていたことは、前章で触れたように普通選挙の実現と陪審裁判制の導入だった。陪審裁判制については、原首相が熱心に取り組んでおり、実現の目途もついていたが、普通選挙については、原首相が拒否反応を示しており、どのように運動を盛り上げていくかは、大きな課題だった。

熊本国権党の機関紙「九州日日新聞」は、熱心だった。大正九年一月から大々的に企画記事を連載し、普選啓蒙キャンペーンを展開した。令之も、政党活動の一環として、二月に熊本国権党主催の普通選挙演説会を熊本市公会堂で開催するなど全力を傾けた。

十年十一月四日、原敬首相が暗殺され、国内に普選実現を要求する声が高まる中、高橋是清内閣が九日後に発足した。憲政会は、翌十一年二月二十三日、国民党、無所属団と共同で衆議院に統一普選法法案を上程した。傍聴席から普選実現に反対する暴漢によって生蛇が投げ込まれる事件も発生した。同日夜、東京では普通選挙を要求する群衆数万人が集会を開き、一部の群衆が警官隊と衝突した。

こうした中、国会は、四日後に同法案を否決するが、国民の普通選挙実現を求める声を止めることはできなかった。熊本も運動が活発となり、十二年二月、憲政会熊本支部（＝熊本国権党）など諸団体連盟が普選即行大演説会を開催し、大盛況だった。

九月一日、関東大震災が発生する。熊本では十月五日に県会議員選挙が行われた。東京をはじめ、関東各地から多くの人が熊本にも避難してきており、熊本駅頭など各所で婦人会や学生の手で炊き出しが続けられていた。

県会への返り咲きを目指した令之は、選挙区を飽託選挙区から熊本市一区（定数二）に移し、政友会候補の古閑又五郎を相手に選挙戦を戦い、大差をつけて当選した。九州日日新聞は「熊本市に於ける憲政派の優勢、県会議員選挙の実績を観よ」との見出しを掲げ、「第一区は、投票総数二千二百四十二票で、小山令之君の得票千二百八十九票、政友会古閑又五郎君の得票九百三十二票であり、勝ち越し、実に七百八十一票に達した。来るべき衆議院選挙には政友会を圧倒し、勝利を得ること一点の疑いを容れず正に勝算歴々たるものがある」との記事を掲載した。しかし、この選挙は、令之ら憲政会は、三十九議席のうち二十四議席を政友会に占められ、十五議席にとどまる惨敗だった。

令之は、県議会議長選挙に憲政会の統一候補として臨んだ。相手の政友会候補は、熊本市選挙一区で令之が圧勝した政友会、古閑又五郎である。投票結果は、投票総数三十九票のうち、古閑が二十四票、令之は十五票で、県議選の党勢衰退をそのまま反映していた。

熊本国権党勢力が県議会の議長選挙で敗れたのは、県議会史上、初めてだった。令之は、不名誉な第一号である。

令之は議員活動に一段と情熱を燃やした。議長選挙が終わるや、令之は、古閑議長に対して、さっそく緊急動議を提出した。内容は、関東大震災で天皇皇后両陛下や摂政宮殿下が非常な御懸念になっているので、お見舞いの電報を県会決議として奉呈したい、というものである。

動議は、さっそく採択され、熊本を襲った水害に対して天皇から下賜された御内帑《ど》金へのお礼をしたいとの意見も追加され、「両陛下並に摂政宮殿下に対するお見舞い及び御下賜金お礼の電報」動議が満場一致で可決された。電報はすぐに古閑議長名で宮内大臣に送付されたが、この活動は、天皇を尊宗する熊本国権党員令之の素顔を伝えている。

## 熊本初の首相・清浦内閣打倒の先鋒

内閣に目を向けると、高橋是清内閣から加藤友三郎内閣に替わり、加藤が大正十二年八月二十四日に病死すると、山本権兵衛に再び、組閣命令が出された。第二次山本内閣は、関東大震災の翌日、九月二日に発足した。しかし、この内閣も四カ月にも満たない短命内閣だった。国会開院式に出席するために虎の門を通過中の摂政宮の車が鉄砲で狙われる、いわゆる虎の門事件が発生し、総辞職せざるを得なかった。

次に組閣命令を受けたのは、熊本県人の清浦奎吾である。清浦は、鹿本郡来民町（今の山鹿地方）出身。山縣有朋の知遇を得て、内務省警保局長、貴族院議員に任じられ、当時は天皇の最高諮問機関・枢密院の議長を務めていた。

清浦内閣は、十三年一月七日に貴族院研究会の支援を受けて発足した。衆議院のどの政党とも縁がなく、政党内閣を目指す議会人からみれば、容認できるものではなかった。それでも清浦首相は、清浦支持に回った政友会離脱グループ「政友本党」を母体に政権のスタートを切った。

憲政会は、猛反発する。さっそく政友会主流に呼びかけ、革新倶楽部とともに護憲三派を結成し、政党内閣樹立、貴族院改革を要求して、第二次護憲運動を始動した。

熊本の議会人には、厄介な事柄だった。清浦は、熊本が生んだ初めての首相であり、応援もしたい、そんな気持ちが熊本人にあった。閣僚に県出身者の藤村義朗が逓信大臣に、小橋一太が内閣書記官長に抜擢されていた。

令之は、党活動の責任者の一人として、迷わなかった。一度、心に決めたら、頑固一徹の肥後モッコスである。党機関紙の九州日日新聞（大正十三年一月十七日付）も清浦内閣発足に反対姿勢を打ち出し、令之もまた、憲政会熊本支部を代表して、支部幹部の深水清とともに、政友会熊本支部長宅を訪ね、一緒に清浦内閣打倒を目指そうと働きかけた。

当時の模様を伝える九州日日新聞によると、記事の見出しは「憲政擁護運動につき　憲政会支部の交渉に対し政友会は応じ兼ねた」となっている。

本文は「清浦内閣の出現は憲政の本義を紊り特権階級を以てほしいままに政権を壟断するもの

で、政党政治の反逆者であり政党共同の敵である」と綴ったあとに「憲政会支部代表の深水清、小山令之の両氏が、原田政友会支部長の自邸を訪ね、両党が提携して憲政擁護運動を開始しようと持ち掛けた。しかし、十五日に至って、熊本県政友会支部の中野猛雄氏が小山氏宅を訪ね支部に於いて協議もしたが、どうも決定が出来ぬから悪しからずと提案を拒絶した」と報じている。

熊本では、内閣書記官長に就任した小橋一太を中心とするグループが政友会を離れ、政友本党に加入したほか、清浦と密接な関係にある高橋長秋（当時熊本電気株式会社社長）ら熊本財界人が清浦を支持した。

熊本政界には大きな動揺が奔っていた。九州日日新聞の記事は、清浦内閣の発足に戸惑う政友会の困惑ぶりを伝えるとともに、令之が「清浦内閣打倒」の先鋒役を務めていたことを如実に示している。

令之は十三年一月十七日、熊本市公会堂で開催された各派連合大演説会に出席した。席上、清浦内閣打倒、元老貴族討滅を掲げた「憲政擁護」運動の趣旨を述べ、「内閣倒閣運動については、中央にありて政友会一部の代議士並びに院外団も参加している関係上、熊本の政友会にも交渉する必要を感じ、支部長原田十衛を訪問した」（『九州日日新聞』より）と政友会とのやり取りも報告している。

令之たちは、大演説会を前に熊本市で内閣反対の気勢を上げれば、県民の不人気を呼ぶのではないかと心配していた。しかし、当日は、聴衆が定刻前から押しかけ、演説会は大盛況だった。

清浦内閣は、国会乗り切りを図るため、一月三十一日、突如解散を告げ、五月十日に総選挙を行った。憲政会は、清浦支持の是非をめぐって分裂した政友会の主流グループや革新倶楽部と共に護憲三派を結成し、選挙戦に臨んだ。結果は、護憲三派の大勝となった。憲政会が百五十一議席で第一党となり、政友会（主流）の百五議席、革新倶楽部三十議席を併せると、護憲三派は、二百八十四議席となり、絶対多数を占めた。清浦を支持する政友会本党は、百九議席で第二党だった。

県選出の国会議員の党派構成は、国会勢力と違った。憲政会（＝熊本国権党）は、二議席にとどまり、政友会は全滅、これに対して清浦を支持した政友本党は七議席、中正倶楽部が一議席を確保し、国会勢力と反対の構図となった。

国政は、清浦内閣が敗北した総選挙結果を踏まえて、憲政党総裁の加藤高明が十三年六月十一日、清浦内閣に替わり、第一次加藤内閣を発足させた。政友会総裁を務めていた高橋是清が農商務大臣、革新倶楽部の犬養毅が逓信大臣に就任した。

難航を重ねていた国民期待の普通選挙実現もやっと体制的に見通しがつき、十四年三月二十九日に国会で可決、成立した。憲政会は、これに先立ち一月二十日に「普通選挙の実行は、我党主張にして、万機公論に決するの聖詔を実現し、大正維新に基礎を為す」との宣言を出した。加藤首相も翌日の議会冒頭の施政演説で「憲法施行以来、三十有六年に至り、国民の智見に対する試練は充分に尽くされたり。今やまさに普通選挙の制を定め、あまねく国民をして国家進展の責任に当たらしむべきの秋に遭遇せり」と強調した。

加藤内閣は、十四年二月十九日に悪名高い治安維持法を緊急上程し、国会は衆議院で三月七日、貴族院で同十九日に可決した。若槻礼次郎内相は提案理由について「治安を乱す目的を以て、無政府主義者、共産主義者その他の運動猛烈となれり。しかもその取締法規不十分なるを以て、新たに法律を制定して治安の維持を図るの必要を認む」と説明した。

この法律は、昭和三年六月二十九日に田中義一政友会内閣で改悪され、刑罰に死刑と無期が追加された。当時、野党だけでなく、法制局長官も反対して審議未了となっていたものを天皇の緊急勅令で公布した。この悪法に令之がどんな個人的な見解を抱いていたかは、分からないが、普選実現のためとはいえ、加藤内閣が枢密院と取引して治安維持法を普通選挙と抱き合わせで成立させたことはまぎれもない事実であろう。

# 第十章　国会の舞台へ　その夢と挫折

## 政友会と立憲民政党の抗争激化

大正天皇が大正十五年十二月二十五日午前一時二十五分に崩御し、二時間後に皇太子裕仁親王が皇位を継承し、元号は昭和と変わった。昭和元年はわずか七日である。元号は、四書五経の一つ『書経堯典』にある「百姓昭明　協和萬邦」から引用され「国民の平和と世界各国の共存共栄」の願いが込められていた。

令之の周辺では、大正天皇が崩御する十一日前の十四日、元濟々黌々長、井芹経平が死去し、十八日、盛大に黌葬が行われた。葬儀役員となっていた令之は、自宅での内葬が終わると、赤星典太、山田寿一、山崎正薫、平山岩彦ら熊本県政界、教育界を代表する十人とともに、生徒たちに担がれた棺のあとに続いて、白川にかかる子飼橋を渡り、斎場の濟々黌校庭に向かった。黌葬が始まると、令之は、逓信大臣を務めていた安達謙蔵の弔辞を代読した。井芹経平は、在校時代に世話になり、弁護士になってからも、令之が力を入れていた陪審制度導入に理解を示し、模擬裁判に協力してくれた恩師である。令之にとって、辛い別れだった。

恩師の死去、大正天皇の崩御で幕を開けた昭和の時代は、金融恐慌の嵐に見舞われた。昭和二年三月十五日、東京渡辺銀行破綻をきっかけに、銀行の取り付け騒ぎが拡大し、金融界がパニック状態に陥ってしまったのである。憲政会との結びつきが深かったとされる鈴木商店の不良経営が、第一次世界大戦後の反動恐慌や関東大震災で一挙に表面化し、主要取引銀行の台湾銀行の救済処理問題も政治を大きく揺るがした。

中央政界の舞台では、加藤高明内閣のあとを継いだ若槻礼次郎内閣が、台湾銀行の救済案を枢密院に否決され、総辞職に追い込まれた。後継首相は、政友会の田中義一総裁に大命がくだり、四月二十日に田中内閣が発足した。当時、内閣に期待されたことは、金融恐慌から脱却するために財政膨張策によって景気を刺激することだった。

一方、令之らが所属した憲政会は、田中内閣の方針に危機感を強め、政友本党（政友会から離脱したグループ）と歩み寄り、六月一日、新党「立憲民政党」を発足した。総裁は浜口雄幸である。指導部には、退陣したばかりの若槻礼次郎が副総裁に就任し、官僚派の床次竹次郎、井上準之助、幣原喜重郎、党人派の中野正剛、永井柳太郎、そして安達謙蔵が名前を連ねた。

立憲民政党が掲げた方針は、議会中心主義を標榜し、国際協調、金解禁、緊縮財政、社会政策の推進等であった。

熊本では、中央政界の動きに呼応して、憲政会熊本支部＝熊本国権党が、小橋一太らの政友本党グループと合併し、六月十九日に立憲民政党熊本県支部の看板を掲げた。『熊本県史』（近代編第三）は、当時の立憲民政党について「政友会の地主的性格に比べて、より自由主義的な性格を持っており、三菱財閥と強く結びついていた」と記している。かくして、日本政界は、中央も地方も、立憲民政党と政友会両党が並立する二大政党時代を迎えることになる。

だが、昭和の始まりは、社会不安という言葉に象徴された時代でもあった。作家の芥川龍之介が自宅の枕元に夫人、友人に宛てた遺書とともに「ただぼんやりした不安である。…僕はこの二年ばかりの間は死ぬことばかり考え続けていた」という原稿を残して、服毒自殺したのは、昭和二年七月二十四日のことである。

ぼんやりした不安を抱いていたのは、芥川龍之介だけではない。国民の多くが、第一次世界大戦以後の反動的な不況到来に追い打ちをかけた金融パニック下、落ち着きを失い、心身ともに疲れ果てていた。

災害も全国各地で起きた。熊本では、九月に猛烈な台風が有明海沿岸を直撃し、海嘯により、令之の故郷、奥古閑や銭塘地区は海水が四キロも侵入し、農作物に被害を与えた。翌年の昭和三年三月十五日には、共産党第二次大検挙があり、六月の治安維持法改正により、特高警察が国民に監視の目を一段と光らせるようになる。

第十六回総選挙は、田中義一内閣の手で三年二月二十日に行われた。普通選挙が実現してから、第一回目の総選挙だったが、官憲による選挙干渉と金権選挙という悪しき伝統も受け継がれ、有権者が増えた分だけ、選挙違反も横行した。投票日前日には内相の鈴木喜三郎が「議会中心主義を否認する」との声明を出し、立憲民政党や労働者階級を支持基盤とする無産政党への攻撃を顕わにした。治安警察法や治安維持法も候補者や有権者に監視の目を光らせ、国民の思想に圧力を加えた。

選挙結果は、選挙干渉が国民に危機感をもたらしたのだろうか、結果的に立憲民政党が躍進し、国会の党派所属の議員数は、政友会の二百十七人、立憲民政党二百十六人とほぼ同数となった。無産諸派も計八人が当選した。

熊本選挙区（一区、二区、定数各五）でも、立憲民政党と政友会がともに五人の当選者を出し、二大政党時代の到来を象徴していた。当選者の顔ぶれは、一区は立憲民政党が小橋一太、平山岩彦、大麻唯男、政友会は松野鶴平、原田十衛、二区は民政党・深水清、安達謙蔵、政友会は中野猛雄、上塚司、中山貞雄だった。県下の得票総数は、政友会が立憲民政党を五千票程度上回った。

令之は、この選挙で安達謙蔵事務所の選挙事務長を務めた。当時の事務所の様子について、長男の岑雄は「私の自宅は当時、熊本市手取本町の今の荒木医院（現在はない）のところで、おやじが安達さんの選挙事務長でした。私は濟々黌三年だった。選挙戦は今以上に激しく、自宅には政党関係者や政治好きが入れ代わりやってきて、にぎやかに酒を飲んでいました。ハカマ姿に鼻ヒゲをたくわえた偉そうな姿が今も思い出されます」と話していた。（『熊本昭和史年表』（熊本日日新聞社発行）より）

令之は、当時、立憲民政党熊本支部の党総務だった。総選挙の四カ月前に行なわれた熊本県会議員選挙（昭和二年十月五日）に立候補せず、弁護士活動をしながら、党活動や選挙活動に全力を傾けていた。党では、当時、政府側の選挙干渉に備えて、全国各地に選挙監視委員会を設けた。党機関紙の九州日日新聞が次のような緊急広告も掲載している。

一、投票の買収、利益の供与等的確なる事実を通報したる者には金百円以下の報労金を呈す。
一、通報者の住所氏名は係員以外には絶対に公示せず。
一、選挙事務所あてに親展書をもってすること、報労金額は係員にて審議の上決定する。

令之らが広告を出したのは、初めての普通選挙が公正な選挙になることを願う一方で、政府側の選挙干渉や政友会による買収事件が横行するのではないかと、警戒していたからだった。政友会も立憲民政党側の運動員に尾行をつけるなど、対策を練っていた。彼らも同じような危惧を立憲民政党に抱いていたことだろう。

ところで、令之が立候補しなかった県議会選挙の結果を振り返ってみよう。熊本は、国会に先立って、二大政党時代に入っており、立憲民政党と政友会がともに二十議席を分け合っていた。このことは、民主主義社会にあっては、歓迎すべき事柄かもしれないが、熊本県会の現状をみると、両党が敵対意識を一段と燃え上がらせ、その結果、党利党略をむき出しに空前の大混乱を生み出していた。

通常県会（十二月）では、十八日間の開会中、議案が八十件、諮問案百九件が審議されているが、『新・熊本の歴史8―近代（下）』によると、会議録には議場騒然が三十二回、その他笑声怒号は数知れずと記録されている。

混乱の原因は、民政党に言わせると、政友会の議長が「無為無策、書記の介添えを受けねば議事の運営ができない無能な議長だった」ということになるが、政友会にすれば「熊本国権党勢力による暴虐行為のせいだ」となる。

四年の通常県会では、ストーブ事件と呼ばれる騒擾・混乱も発生した。紛糾の発端は、立憲民政党知事提案の予算案をめぐって、両党の議員が対立する中、立憲民政党議員数人が、開会を遅らせた政友会議長の釈明発言に反発して議長席に押し掛けたことだった。突然、傍聴席の男が議場に乱入し、議長を引き倒すなど乱暴を加えたあげく、議場内のストーブを蹴り倒し、ボヤ騒ぎが起きた。男は警察官にその場で取り押さえられ、議場外に連行されたが、逮捕はされてはいない。

男は、令之の事務所に出入りしていた立憲民政党院外団のKだった。私は、新聞記者時代にK

に取材したことがある。「令之さんも事前に事件の発生を知っていたはずだよ」と話していた。内閣が替われば、知事も警察官もごっそり替わる、そして野党になった政党側が激しく与党と対立し、知事を攻撃する、知事は与党のために行政運営に腐心する……こうした政党抗争の舞台をみると、内外ともに風雲急を告げる社会情勢下、議会がだれのために存在しているのか、を考えさせられる。全国各地で党利党略・県民不在の議会が横行し、政党への不信が高まった。

## 国会議員となる　激戦区でトップ当選

昭和四年七月二日、立憲民政党総裁の浜口雄幸が田中義一首相に替わって、立憲民政党内閣を発足した。田中内閣が退陣に追い込まれたのは、満州占領を企図する関東軍の一部が暴走した満州某重大事件（張作霖を奉天郊外で爆殺）の処理をめぐって、天皇の不信を買ったことが理由とされているが、田中内閣の経済対策に不信の念が高まっていたことも背景にある。財界をはじめ多くの国民が長い不況を脱出するために、金本位制を採用している欧米にならって金輸出解禁を実施するなど抜本的な経済改革を求めていた。

こうした中、浜口は、首相に就任するや、財界の信任が厚い井上準之助を蔵相に起用し、金解禁や緊縮政策を断行する一方、産業合理化を促進し、国際競争力の強化を目指した。

外相には国際協調派の幣原喜重郎を登用し、対中国との関係改善や米国、英国を重視する協調外交を推進した。熊本から安達謙蔵が内相、小橋一太が文相に就任し、熊本県人を喜ばせた。

よろこびに輝く人

閑寂を破ふる さゞめきの聲 落選した人に

祝盃が飛ぶ

主人の當選は 喜びながらも

最高點の譽れ 夫君とともに 戰線に働いた

熊本籠城の 當年をしのぶ

檢事局の總動員

妻の家出から 五名を殺し

代議士小山令之の当選の喜びを伝える九州日日新聞（熊本日日新聞の前身）の紙面。昭和5年2月24日付

浜口内閣の滑り出しは、上々だった。首相として初めてラジオを通じて国民に直接政策を訴えたほか、風貌からライオン宰相とあだ名を付けられるなど、謹厳実直な人柄に人気も集まった。

浜口首相の手で実施された五年二月二十日の第十七回衆議院総選挙は、立憲民政党が大勝した。当選者数は、立憲民政党二百七十三議席、政友会百七十四議席、あとは、国民同志会六議席、無産諸派五議席、革新党三議席、中立その他五議席だった。選挙の勝利は、安達謙蔵の活躍が功を奏したといわれ、安達は「選挙の神様」と呼ばれるようになった。

令之は、熊本一区（定数五）に立憲民政党候補として初出馬し、初当選を果たした。熊本でも立憲民政党が優勢を占め、一区では、令之のほか大麻唯男、平山岩彦、二区では、深水清、宮崎高四郎、安達謙蔵の計六人が当選した。政友会は、松野鶴平、村田虎之助、中山貞雄、中野猛雄の四人だった。

令之の得票数は、二万四千百六十八票、トップ当選である。初陣ながら政友会のホープ、松野鶴平（政友会支部長）に大差をつけて勝ったことから、立憲民政党─熊本国権党陣営は、喜びに沸いた。

九州日日新聞は、勝利に喜ぶ選挙事務所の熱狂ぶりを次のように報じた。見出しは「「大鯛を前にして　祝盃が飛ぶ　天晴れ初陣に　栄冠を得た小山令之氏　夫人の頬に光る露の玉」。そして本文記事が続く。

「当選　当選　当選　ここは熊本第一区で天晴れ初陣の一戦に栄冠を勝ち得た小山令之氏の事務所───吉報をもたらして訪へば、もうここでは当選記念撮影のマグネシュームが煙火のやうに景気よくポンポンと上がっている───昨日迄の殺気立った選挙事務所は今日の日の当選祝勝会場、次から次へと当選祝ひの客の自動車のヘッドライトの交叉も歓迎のイルミネーションと思われ、家中訪問客で芋を洗ふ様な騒ぎ───勝利の乾杯は挙り、皿にのりきれぬ程の大鯛も凱歌の喜びにはね上がっている様だ……」

令之は、事務所の興奮度に比べると、落ち着いていた。阿蘇郡などの立会演説会場を駆け巡っても、驚くほど有権者の手ごたえがあり、当選を確信していたのだろう。令之は、記者のインタビューに自分の選挙よりも、立憲民政党、熊本国権党の党勢拡大に言及した。

「一区は二区の力戦に比較して何等言う事はない。私の選挙区飽託郡は、所謂（熊本国権党の）旗本八万騎として優勢を誇っていたが、大正八年以来その実質を失っていたが、ここに初めて天の時、地の利、人の和あって旧態に復する事が出来た、之れ全く国民が現内閣の政策に共鳴したるのと党員諸君の熱烈なる努力の結果に他ならない。今後は益々国家のため、党務のために同志のご期待に副いたい」　そこには立憲民政党の国会議員として、浜口内閣を支えるとともに、安達熊本国権党の立党精神を引き継いで国政の場で責任を果たしたいとの気概が見える。

だが、新人国会議員、令之の前途は、当選の喜びをかみしめながら政党人として活躍できるような、甘い夢を抱く政治状況ではなかった。国内経済も金解禁の実施が世界恐慌の大波とぶつかり、虚弱さを露呈した。米価や農産物価格は下落した。大蔵省が農村の救済や失業救済に資金融通するように手を打つが、深刻な事態は収まらない。

令之が選挙運動中に駆け回った阿蘇地区では、火山灰を含有する亜硫酸ガスのため、農産物や養蚕の被害が相次いだほか、税金滞納者が続出し、小学校教員の給与が三カ月も不払いになっていた。農村は疲弊し、行政や政党に対する国民の信頼感も低下していた。

## 国会大荒れ　銃撃された浜口雄幸首相

国会は大荒れした。五年四月二十二日に調印された「ロンドン海軍軍縮条約」（補助艦の制限を目的）をめぐって、統帥権干犯問題が発生したのである。その発端は、幣原外相の協調外交を受けて、ロンドン海軍軍縮会議の全権大使、若槻礼次郎が兵力比率について米国の妥協案を受け入れ、財部彪海相の反対を押し切って調印したことだった。

野党の政友会は、海軍側の不満を利用して、浜口内閣を激しく攻撃した。なかでも鳩山一郎議員は「海軍軍令部が同意していないのに回訓を決定したのは、政府の統帥権干犯ではないか」と迫る。この発言は、統帥権を持ち出して政府を追いつめるものであり、政党人としては、政党の自殺行為と言われても仕方がない追及劇だったのだが……。

令之もまた、鳩山議員の発言は、政党人として「あってはならない」と考えただろう。浜口内閣が海軍側の意向を抑えて、海軍軍縮条約調印にこぎつけることができたのは、ひとえに政党政治の成果だったのだ。

ともあれ、浜口内閣は、立憲民政党が絶対多数を占めていた議会勢力と世論の支持をバックに海軍軍縮の批准に成功するが、条約批准後、国内では浜口内閣の国際協調外交に不信の念を抱く軍部や右翼勢力が不気味に動き出すことになる。

浜口首相は、五年十一月十四日午前八時五十八分、右翼青年に襲われた。岡山県下で行われていた陸軍大演習陪観のために東京駅プラットホームに到着したところを、長崎県出身の愛国社社員、佐郷屋留雄に至近距離から下腹部を撃たれた。浜口は周囲に「大丈夫だ」と伝え、気丈な様子を見せたが、腸の三十パーセントを摘出する重傷だった。

事件後、入院した浜口首相に替わって、幣原外相が臨時首相代理に就任するが、幣原は根っからの党員ではない。このことは、民政党内部に亀裂を生み、政友会から非難攻撃を浴びることにもなる。

幣原の失言問題も、国会の混乱に拍車をかけた。幣原がロンドン海軍軍縮問題をめぐる議会答弁で「条約は天皇の名で批准されている。それは条約が国防に支障のないことの何よりのしるしである」と述べたことがきっかけである。政友会をはじめ、野党はこぞって「幣原の答弁は、責任を天皇に転嫁するもの」として猛反発した。議場は、議員同士が殴り合う混乱の場と化した。

令之は、議員として初めて経験する「立憲の府」の乱闘事件に驚愕した。令之にとっては、こうした混乱を引き起こした政友会の対応に腹を立てたものの、天皇を隠れ蓑にするような幣原の発言には、ついていけなかった。令之は、立憲民政党員と同時に熊本国権党の旗本八万旗を代表する政治家だった。党是に謳われた「皇室翼賛、国権拡大」の理念は、天皇を政治活動に利用することではなかった。それだけに幣原の答弁には失望した。

議会は殴り合いの中、十日間の停会となった。失言した幣原は、臨時首相代理を解任された。浜口は、六年四月十三日、経過悪化のため総辞職した。若槻礼次郎が、総裁に就任するとともに、第二次若槻内閣を組閣した。浜口は八月二十六日、死去した。

九月十八日、満州事変が勃発する。奉天郊外の柳条湖（溝）の南満州鉄道（満鉄）路線が爆破され、国内では、中国兵の満鉄破壊と報道された。しかし、実際は、関東軍の板垣征四郎ら参謀が計画し、河本末守中尉が実行した。関東軍は、この事件を端緒に中国の北大営を攻撃、同時に一斉に軍事行動に移り、奉天、長春、営口を占領した。以来、日本は、国際社会から批判を浴び、世界の孤児となって、十四年にわたる泥沼の戦争へ突入することになる。

一方、国内では、ロンドン軍縮問題や満州事変などをきっかけに軍部の青年将校や右翼の急進的な国家改造運動が活発となり、軍部独裁政権を企図したクーデター計画「三月事件」や首相や外相の暗殺をもくろむ「十月事件」が起こった。翌年二月～三月には井上日召が率いる血盟団員が井上準之助（前蔵相）や団琢磨（三井財閥幹部）を暗殺する「血盟団事件」が発生、七年には海軍将校が犬養首相を射殺する「五・一五事件」が起きる。

満州事変勃発から約二カ月後、熊本では十一月十二日から十四日までの三日間、天皇陛下を統監に陸軍特別大演習が行われた。天皇は十一日から十八日まで熊本に滞在され、五高を始め、各所を行幸した。済々黌では、令之たちが在学中に演じた、あの懐かしい「集合撃剣」が披露された。熊本県民は、天皇を熱烈に歓迎、特別演習観兵式には十万人が参観に訪れた。

十五日、令之は、熊本の政界、教育界、経済界を代表する十四人とともに、天皇に拝謁を許された。次章で触れるが、令之らは、熊本海外協会の評議員として活動していた。当時、警備に当たっていた警察部長（今日の県警本部長）は「不始末が起きれば切腹」と覚悟し、出勤前に腹部にさらしを巻いて出かけていた。拝謁を許された令之の感激ぶりがいかほどのものか、想像できる。

## 衝撃の安達離党　党内対策から政界勇退へ

天皇陛下が熊本に滞在される前後、中央政界では、安達謙蔵が目指した「政民提携・協力内閣」をめぐって、暗闘が繰り広げられていた。この政界再編構想は、満州事変後に軍部への対応が出来ず、国際的な孤立化が進む日本の前途を心配した安達が、中野正剛、富田幸次郎、政友会総務久原房之介らと通じて、政友会と民政党の両派を基礎にした連立内閣を樹立し、国難の打開を図ろうと企てたものである。

安達によると、若槻首相も安達の決意に同意し「連立内閣ができるならば、自分は進退を考慮する」とまで言明した、とされる。

安達は『安達謙蔵自叙伝』の中で、次のように記している。

「内外情勢の急変激化に処しては、もはや一党一派に偏して政権争奪に憂き身をやつすは無意味なり、…よろしく党派の観念を一掃し、真に挙国一致の体制を以て此の重大時局を乗り切るべしと観念するに至った」

事態は、安達の思うようには進まなかった。陸軍大演習が終わり、東京に帰ってみると、若槻首相の態度が一変していた。安達が極秘に進めていた「政民連携・協力内閣」構想が、中野正剛らの口から外部に洩れ、結果的に井上準之助ら閣僚たちの結束を招いてしまった。

若槻内閣は、閣議の場で、政友会グループと連立せずに政局に対処することで一致した。閣内には、安達が内閣の大黒柱である内相の職務にありながら、軽率に連立内閣論を画策したことへの批判も沸き起こる。

安達から見れば、若槻首相の対応は、背信行為だった。安達は、十一月二十一日、官邸から麻布の自宅に帰り、夜ふけまで中野正剛らと協議し、「公然と政友会と交渉すること」を決定、挙国一致内閣を訴える声明を発表した。（『熊本の政争のはなし』より）

政治家、安達にとっては、初めての挫折である。その無念さを安達は『安達謙蔵自叙伝』で次のように綴っている。

「元来、予が此の問題を提げて運動に着手するに就いては、先ず政友会の陣営を眺め、犬飼政友会総裁を取り巻く古島一雄ら総裁腹心の者と、腹心にあらざるも、該政党の大幹部連（久原もその一人なり）との間に割り込み、相当の日子を費やして、該党中に挙国一致論の台頭を図り、犬養をしてイヤイヤながら是れに同意せざるを得ぬように仕掛けるつもりであった。尤も、犬養は容易に同意せざることをも十分に察知できたから、いずれは一大談判を試みんとの決心もして居った。然るに此の手配は、予が九州大演習供奉中より帰京したる後、着手するほか方法なく、かくして大演習供奉のため数日間東京を留守したことが、蹉躓の一大原因となった」

安達は、若槻内閣の造反者となった。閣議で井上蔵相らから引責辞任を迫られるが、辞職を拒否し、麻布の自宅に引きこもってしまった。これには若槻も井上も困り果て、挙句の果て、若槻内閣は、六年十二月十一日に閣内不統一で総辞職に追い込まれ、犬養毅政友会総裁が十三日に内閣を発足することになる。蔵相には高橋是清、陸相に荒木貞夫が就任した。

安達は、同日、党内に混乱を招いた責任をとり、立憲民政党を離党した。かといって、熊本国権党や民政党熊本支部の政治活動をやめるつもりはさらさらなかった。

令之らにとって、支部長を務めていた安達脱党の衝撃は大きかった。安達の心情が伝わると、熊本支部では、年明け早々の翌七年一月四日、緊急幹部会を開催し、安達脱党に伴う重大な危機にどう対処するか、を議論した。

この席には、令之をはじめ平山、深水、大麻、宮崎ら各代議士、山田、内藤両顧問、大塚幹事長ら幹部五十余人が顔を揃えた。平山代議士が政変騒ぎに及んだ安達の苦衷を述べたあと、各自、意見を述べ合うが、なかなか、思うような結論は出てこない。最終的に決議されたことは「安達氏の復党は、ただ時期の問題である。支部としては復帰まで一致結束して民政党のために邁進する」だった。

第十八回総選挙は、二月二十日に行われた。立憲民政党支部は、一日にあわただしく党議（総会）を開催し、総選挙に臨む熊本県支部の公認候補を決定した。

一区は安達謙蔵、小橋一太、大麻唯男、二区は、深水清、伊豆富人、益田太郎だった。令之と平山は、安達当選を期すべく立候補をしなかった。平山は、大正四年三月の総選挙で当選しながら、次点当選の安達に座を譲っているが、今回の立候補断念により、安達のピンチを二度も救ったことになる。令之や平山の処遇をめぐって立憲民政党本部は、前代議士公認を原則とし、安達の公認を認めなかったが、熊本では、安達を無所属ながらも、事実上、立憲民政党公認の扱いとした。選挙区も二区から令之の地盤（一区）に鞍替えした。

令之が、どんな思いで立候補を断念したのかは、分からないが、『龍南人物展望』は「民政党の對内策から御大安達謙蔵を彼の地盤たる飽託郡から出馬させた為め、彼は二十年来の政党生活を潔く清算した」と記している。党機関紙の九州日日新聞は、令之の心境について、一言も報道していない。

ライバルの政友会の『肥後政友会史』は、当時の民政党熊本支部の内情について、次のように伝えている。

「民政党は事実上内部に於いて分裂して居るに拘らず表面は強いて結束を固めたるものの如く装ひ敵と対陣せる為め、反対党と戦うと云うよりも如何にして安達派は此の機会に於て小橋、大麻派を除外して分裂後の党勢を有利に導かんかと焦慮し小橋、大麻派は此の機会に於いて将来民政党の基礎を築き当面の難関を突破せんかに苦慮して両派共に士気の振わざること夥しく、斯くして選挙戦の火ぶたは切られたのである」

総選挙結果は、政友会三百一、立憲民政党百四十六、その他十九で、立憲民政党の惨敗だった。熊本でも、一区の当選者は政友会が木村正義、松野鶴平、村田虎之助の三人、立憲民政党は安達謙蔵、大麻唯男の二人で、文相を務めた小橋一太が落選した。二区も民政党の当選は伊豆富人、深水清の二人で、残る三議席は、政友会の上野司、三善信房、中野猛雄が当選した。

小橋一太が落選したのは、支部幹部が安達の当選に危機感を抱いて、小橋地盤である熊本市大江方面から六百余票を安達に回した結果と言われている。

立憲民政党熊本支部が敗北した背景には、色々と原因を上げることができるだろう。小橋一太が、ある疑獄事件に関わったことも、無罪になったとはいえ、有権者の不評を買っていた。

安達が脱党しながら、腹心の党幹部を操縦して選挙戦を展開したことも、政友会の攻撃対象になった。令之にとって、政治家としての出処進退は、どうあるべきかを、考えさせられることになった。どうすれば一人の政治家として、有権者に責任を果たすことができるのか、自分に役割を果たす居場所があるだろうか、と。

選挙が終わった後、令之は「期せずして」との言葉を残して、熊本を去り、東京で新たなスタートを切った。熊本市清水の家に同居していた長女麗子（小山家分家）の元には、借財の返済を求める債権者が押しかけ、家中の家財には、べたべたと差し押さえの赤紙が貼られた。

いとこ同士の結婚をしていた麗子の夫、直之は当時、浜口雄幸の無二の親友、五高校長の溝淵進馬に招かれ、五高教授を務めていた。

直之は「令之さんは、井戸塀政治家の例えの通り、たくさんの負債を残した。先祖からの小作地は小作人に実費で譲り、負債を返済した。屋敷の跡は、今は天明中学校になっている。党務上、思いもかけぬような借財もあり、黙って引き受けていたようだ。出処進退に潔い人だった」と話していた。

# 第十一章　満州国に遠大な理想を抱いて

## 東亜連盟結成を目指した安達党「国民同盟」

「熊本法曹界に於ける實勢力と令名眞に晴々たりし……胆力あり、識見あり、抱負あり、而も徳望兼ね備えた同氏の政治的活躍こそ眞に目覚ましきものがあり、郷党人は皆、氏の政治的将来の大飛躍を期待し嘱目して措かなかったものである。然るに氏は昭和七年二月の総選挙で、二区危しの前奏曲に怯えた鎮西館幹部の對内策から、御大、安達謙蔵氏を同氏の地盤から出馬させた為、氏は深く感じ、且つ期するところあって二十年来の鎮西館生活を潔よく清算し、無色透明な心境で満州を開拓すべく、遠大な理想を抱いて渡満し、弁護士を開業する傍ら、熊本海外協会満州本部長として、郷党人の指導訓育に力を注ぎ、今では在満州肥後人の父として敬仰讃嘆の的となっている……（略）……氏は亦満州事変に於ける第六師団の熱河討伐の隠れたる功労者で、例の赤峰入場に活躍した蒙古派遣生五人組のリーダーとして銃後の活躍は眞に素晴らしいものがあり、陸軍黨局より表彰されて居る……」

この一文は、昭和十年十二月に『熊本県大観』（雑誌「警醒社」発行）に掲載された令之の満州時代の消息を伝える記事である。

令之が熊本を去り、満州国にいつ出かけたのか、正確な記録は残されていないが、長女の麗子は「父は、昭和七年三月一日に満州国の建国宣言が出されてから間もなくして、満州に渡った」と話していた。しかし、安達謙蔵が新党「国民同盟」の結党を目指して、七月一日、東京ステーションホテルで「国策研究倶楽部」の事務所開きをした折には、前国会議員の資格で参加している。令之は、麗子が語るように満州国建国直後に満州に出かけ、同倶楽部の事務所開きのために、一時帰国したのだろうか、それとも、事務所開きが行われた七月以降に満州へ渡ったのだろうか。倶楽部は、満州国の早期承認と日本、満州、中国が結束する大亜細亜連盟の結成を視野に置いていた。令之にとって、安達の提唱は、満州国づくりに何ができるかを、改めて問いかけていた。

令之は、事務所開き後の懇談会でも、安達の話に熱心に耳を傾けた。この席上、安達は「日本は満州国を承認するとともに世界列国に対して満州国の民意を尊重するように働きかけ、極東日本の立場を理解してもらう必要がある。さらに正式に承認したら、次に満州国発展のために本質的な国策を内外に示すことが日本の責任である」（九州日日新聞昭和七年七月二日付参照）と力説した。

令之も安達が主張した満州国承認、国策提示と同じ意見を持っていただろう。だからこそ、自分ができることをしなければならない。それは満州に出かけることと考えていたに違いない。

倶楽部は、八月八日に立党準備に関する政治委員会を開き、党名を「国民同盟」と称することを決定、十二月二十二日に日比谷公会堂で結党大会を開催する。新党総裁には安達が就任し、幹事長に山道襄一、総務に中野正剛が選ばれた。参加した党員は、立憲民政党を離党した代議士三十二人、貴族院議員二人、党員五千人で、代議士会長に深水清、幹事に伊豆富人ら熊本県出身者が推挙され、熊本国権党色の濃い役員体制だった。

当時の首相は、「五・一五事件」で殺害された犬養毅に代わり、海軍大将、斎藤実だった。斎藤内閣には立憲民政党、政友会の双方が閣僚を送り込んでいた。その意味では、国民同盟は、斎藤内閣に対する唯一の野党勢力だった。

国民同盟が目指したのは、一つは、日本が世界で孤立している国際情勢を踏まえ、外交面で、英、米、ロシア、中国との親善関係を構築するとともに、満州国を早期に承認し、大亜細亜連盟の結成を進めること、もう一つは、内閣制度を廃止し、国務院を創設することだった。これは、満州国を建国した関東軍と協力した統制経済を打ち出したもので、親軍部政党とみなされてもおかしくない。

安達らの提唱は、国内に大きな反発をも招いた。国民同盟は、ファシスト集団ではないかと危惧された。事実、結党式には、中野らが黒づくめの国民同盟服を着て登場し、安達に着衣するように勧めた。『熊本の政争のはなし』によると、安達は「そんなつまらんものは着られん」と無表情に拒否をした、とあるが、「中外商業新報」は夕刊（昭和七年十二月二十二日付）に「黒い団服まで作って日本のナチスを気取る国民同盟」と報じる。

国民同盟は、昭和八年一月十五日、熊本県支部を組織した。総選挙で令之とともに立候補を断念した先輩代議士、平山岩彦が支部長となった。看板は、熊本国憲党の拠点、鎮西館に掲げられた。同支部結成式にも、一部の党員が中野らが着ていた「国民同盟服」を着て出席し、周囲を驚かせた。

令之は、熊本県支部の結成式に姿を見せなかった。ドイツでは、同支部が結成された十五日後の一月三十日、ナチスが政権を握り、ヒトラー首相が、国民歓喜の中、ベルリンをパレードした。令之は、五高在学中にドイツ帝国時代を謳歌していたドイツ人教師に感化を受けていた。麗子によると、令之は、酔っ払って自宅に帰ると、家族を前に「ハイルヒトラー」と敬礼したりしていた。独裁者ヒトラーの登場には不快感を隠せなかったようだ。

国民同盟は、十一年二月の第十九回衆議院選挙で、結成当時の三十二人から大幅に議席数を減らした。さらに五月に中野正剛が安達とたもとを分かち、東方会を結成して分裂した。翌十二年四月の衆議院選挙はわずか十一人の勢力になった。国民同盟熊本県支部が解散したのは八月六日である。国民同盟は、軍国主義の嵐の中、十五年、近衛文麿内閣の新体制運動、そして大政翼賛会体制下で、他の政党と共に姿を消すことになる。安達は、十七年四月に五年ぶりに行なわれた大政翼賛選挙に立候補せずに政界を引退した。中野も同年、独裁色を強めた東條英機首相に反発し、大政翼賛会を脱退、十八年十月二十七日に割腹自殺をした。

安達の盟友、平山は、十七年五月十一日、死去した。国政選挙への立候補を断念した七年の翌年三月には、安達謙蔵、山田寿一ら熊本国権党—憲政会—立憲民政党に連なるメンバーとともに、政治活動のかたわら、武道場「振武館」を創設し、武道の継承と青少年の健全育成、さらには詩歌、詩吟「平山流」の普及に尽力した。安達が横浜市に建立した「横浜八聖殿」、熊本市西区島崎に肥後の三賢人（菊池武時、加藤清正、細川重賢）を祀る「三賢堂」の建立に際しても、盟友として支援、貢献した。平山謙二郎氏（元熊本日日新聞社常務取締役編集担当）は「死の床で日本軍は強かバイが最後の言葉だった。若い頃に夢見た東亜同盟のことが脳裏に浮かんだのかもしれない」と綴っている（『振武館開館八十周年記念誌』より）。典型的な国士政治家だった。

## 満州国とは一体どんな国なのか

満州国へ渡った令之のことに話を戻そう。令之は政党活動から一定の距離を置きながら、二つの仕事（財団法人熊本海外協会及び弁護士活動）に情熱的に取り組んでいる。まずは、熊本海外協会での活動を紹介しなければならないが、その前に、満州国とは、一体、どんな国だったのか、その建国のいきさつや国家体制の概要について紹介する。

満州国は、満州事変を起こした関東軍が中心となり、昭和七年三月一日に中国東北部に建国された日本の傀儡国家である。事変は、関東軍が前年九月十八日の南満州鉄道の爆破事件「柳条湖（溝）事件」（奉天郊外）を中国軍の仕業と偽り、軍事行動を開始したことから始まった。爆破成功の知らせを受けた関東軍は、ただちに張学良軍の兵営である北大営や奉天省政府、奉天城を攻略、十九日夕までに奉天市全域を完全に制圧、さらに吉林や黒龍江省の首都チチハルを占領、七年一月三日には錦州、二月五日にはハルピンを制圧し、満州の要衝地のほぼ全域を占領下に置いた。

関東軍は、事変当時、板垣征四郎高級参謀と石原莞爾作戦参謀の影響下、独立守備隊六個大隊約一万人の兵隊が常駐していた。関東軍が目指していたのは、大正末期から「日本の生命線」と呼ばれるようになった満州・蒙古を拠点に独立国家を樹立し、ロシアや中国の進攻に備えることにあった。その意味では、満州事変は、満州・蒙古地方への侵略を画策した関東軍が巧みに演じた自作自演劇の幕開けだった、といえる。

ところで、満州という地名は、どこを指しているのだろうか。ここでは、満州を奉天省、吉林省、黒龍江省の三省を漠然と指す言葉と考えている。関東州という地名も気になるが、この関東という地名は、万里の長城の東端に位置する山海関から東に当たるため、山海関の「関」と「東」をとって「関東」と呼ばれるようになったといわれている。ちなみに清王朝時代に都を北京に定めてから万里の長城から南は関内、北は関外である。

日本軍を関東軍と呼ぶのも、明治三十八年の日露戦争の結果、ロシアから関東州―旅順、大連を含む遼東半島の先端部分と長春（新京）、安東～奉天（現瀋陽）の鉄道経営権を清国から租借したことにより、ロシアが使っていた関東州の呼称をそのまま引き継いだことによる。

このことは、中国側にとっては満州国建国を百歩譲って容認したとしても、日本軍が万里の長城を越えて関内に入れば、日本の重大な侵略行為に当たり、とても許せるものではないと言う事になる。万里の長城は日本にとっても大きな分岐点だった。

中国政府は、当然のことながら関東軍の軍事行動に猛反発し、国際連盟に「許せない侵略行為」として提訴した。しかし関東軍を中心とする日本軍の軍事行動が止むことはなかった。上海では、昭和七年一月に日本人僧侶が襲われた殺害事件を口実に、日本軍が中国軍と衝突する上海事変を起こしているが、この事変の狙いは、満州国家建国を前にして、列強諸国の目を満州から上海にそらすためだったとされている。

中国国内では、満州事変勃発以来、日本を糾弾する怒りの声が渦巻いた。北京・精華大学に続いて、上海や南京でも学生たちが民衆と共に反日集会やデモを行い、抗議の声を上げた。「日本の獣兵が東北の同胞を惨殺している」とか「暴力的な日本の獣行に決死抵抗しよう」といった反日ポスターも貼られた。

満州国の建国宣言は、昭和七年三月一日、関東軍の圧力で組織された東北行政委員会によって発表された。この委員会は、黒龍江省主席の馬占山を始め、奉天省長、吉林省長、黒龍江省長の四巨頭が奉天に集まり、七年二月十七日に発足した。委員長は、張景恵（のちの国務総理大臣）である。

発足翌日には「党国政府（国民党政府）と関係を脱離し、東北省区は完全に独立せり」と独立宣言を行った。宣言文には「張学良政権の下で死に直面していた三千万人の民衆が日本軍の力を借りて張学良を駆逐した」との趣旨も謳いあげられていた。

満州国の執政には、清朝最後の皇帝、愛新覚羅溥儀（宣統帝、一九〇六〜一九六七）が就任した。溥儀の説得には、奉天特務機関長の土肥原賢二大佐があたり、帝位就任にこだわる溥儀に対して「帝国であることは確かである」と答えたといわれている。

満州国の元号は「大同」と定められ、首都は新京（長春）に置かれた。国体は民本主義、国旗は新五色旗で、漢人、満州人、朝鮮人、モンゴル人、日本人による「五族協和」と「王道楽土」がスローガンに掲げられた。

国家機関は、国家元首に当る執政、溥儀を最高位に参議府（諮詢機関）、国務院（行政）、法院（司法）、立法院（立法）監察院（監察）が置かれた。中でも国務院は満州国行政の機能を担う機関として、溥儀が全面的な信頼を置いていた忠臣、鄭孝胥《ていこうしょ》を国務院総理に据え、下部組織として司法部を始め、民政部、外交部、軍政部、財政部、実業部、交通部、文教部の八部が設置された。現地の中国人が各部の総長を務めた。しかしながら、どの部も関東軍や日本政府から送り込まれた日本人官吏や軍人が要職に就き、采配を振るった。立法院に至っては、正式に開設されることはなかった。

注目されることは、満州事変勃発から一年目の七年九月十五日に「日満議定書」が締結され、日本が満州国を正式に承認したことである。承認については、政友会内閣の犬養毅首相が、国際世論の反発を懸念するとともに、関東軍主導の国づくりに警戒感を強め、渋っていた。しかし、犬養首相が軍人将校に殺害される「五・一五事件」が発生すると、事態が一変した。犬養内閣に続いて組閣した斎藤実首相が、軍部主導のファシズム体制を推し進め、国際社会の意向を無視して、満州国承認に踏み切った。

議定書には、日本の既得権益の承認、国防を日本軍に委ねる無条件の駐屯、さらには交通機関の掌握や日本人官吏の任用などが規定された。満州国が日本の傀儡国家であることを如実に示した文書だった。

国際連盟は反発した。同十月二日、中国の訴えを受けて、調査を進めていたリットン調査団が「日本軍の武力行使は、自衛のためではなく侵略行為だ」とする報告書を発表、八年二月二十四日には国際連盟が総会を開き、関東軍が駐屯地の満鉄付属地内へ戻るよう求める対日非難勧告書を採択した。

勧告書に反対したのは、日本だけだった。日本は勧告案が採択されるや、全権大使の松岡洋右

熱河平定作戦に協力した蒙古派遣留学生５人組と令之（左から２人目）

が二時間に及ぶ演説をした後、退場した。日本の国際連盟脱退は、同年三月二十七日である。

## 第六師団の「熱河平定作戦」に協力

令之が、満州国で最初に取り組んだ仕事は、第六師団の熱河省攻略「熱河平定作戦」へ協力することだった。熱河省と言うのは、関東軍が満蒙問題と称していた「蒙（蒙古地方）」のことである。日本軍が熱河省への軍事行動を開始したのは、国際連盟が勧告案を審議している最中、そして日本が国際連盟脱退を通告する直前の昭和八年二月二十三日である。

令之は、当時、熊本海外協会（総裁細川護立、理事長阿部野利恭）の評議員を務め「満州で何ができるか」を真剣に考えていた。そこへ舞い込んできたのが、郷土の軍隊、第六師団（坂本師団長）が、熱河省で暗躍する軍閥張学良軍を排除するために満州にやってくるという知らせだった。

満州国が掲げた五族協和、王道楽土の理想国家づくりに共鳴し、情熱を燃やしていた令之の心が躍った。「自分に何ができるか」――そう考えた令之の胸中に去来したのは、熊本海外協会幹部としての使命だった。

熊本海外協会は、大正十年七月に設立された。日清戦争時代から中国大陸で活躍したジャーナリスト、宗方小太郎や井手三郎などが参画した「同文会」「東亜同文会」の流れを汲んだ組織である。名称も「東亜同志会」、「東亜通商協会」と変わり、今や、全国屈指の海外交流機関に発展していた。

令之は、熊本海外協会が東亜通商協会の時代に県費支援で十七人の蒙古派遣生を送り出していたことを思い出した。派遣生たちは、熱河省・赤峰に一年間滞在し、蒙古人や支那人と一緒に生活しながら、蒙古語、中国語、ロシア語の習得に勉め、地勢、交通、産業、政事、軍事、人情などの調査研究に当たっていた。彼らは、国家に代わって民間の立場から交流を促進し、海外移民のあり方を含め「満蒙問題の解決」に当たることを目指していた。

しかも、第六師団が進撃する赤峰は、これまでに派遣生が語学学習を兼ねて、日本語学校「相善学堂」を設け、講師となって人気を集めていた地区である。

『熊本海外協会史』によると、派遣生は、日本語学校の開校式の折に朝早くから門や教室の入り口に日中両国の国旗を交叉し、室内や外塀には万国旗を張り巡らして準備を整え、開式の定刻数時間前から来賓や学生や小学生が続々と詰めかけていたという。

令之は確信した。熱河地方は、冬季は零下四〇度にもなる極寒の地であるうえ、未踏の難路があり、一度、山岳地や砂漠の中で行路を誤れば、予期せぬ大敗を招く結果にもなりかねない。赤峰で現地人と生活を共にしていた派遣生が通訳や道案内、さらには宣撫工作に従事すれば、必ずや、第六師団の軍事行動に貢献できる、そして、こうした奉公こそが、派遣生たちの本来の使命であり、多年の宿望であると……。

思い立ったら、すかさず行動するのが令之である。幸い、熊本から東亜通商協会時代に派遣された十七人の留学生のうち、五人が奉天や奉天近郊で活躍中だった。

令之は、さっそく、井川尚（第一回派遣生、菊池郡出身）隈部廣泰（第二回派遣生、鹿本郡出身）鳥井讓吉（第三回派遣生、濟々黌出身）後藤末人（第四回派遣生、熊本中学校卒）富永末記（第五回派遣生、熊本農業学校卒）の五人に呼びかけた。五人の志も令之と同じだった。

令之が、第六師団に出かけ、坂本師団長（中将）、佐々木参謀長（大佐）に熱河平定作戦への参画を求めたところ、坂本師団長も喜び、令之を参謀格に五人を師団御用掛参謀部勤務とし、諜報、物資徴発、運輸などを検討する最高参謀会議への参加を命じた。

五人は、このあと特務班長中園中佐の指揮下に入り、二月二十五日に通遼を出発し、中国軍と戦闘を続ける師団部隊と一緒に活動しながら、道案内や通訳、さらには地元民への宣撫工作に務め、三月二日、派遣生たちの思い出の地、赤峰へ入城した。第六師団が討伐に成功したのは、派遣生たちの活躍の賜物だった。

第六師団の赤峰占領から四日目（三月六日）、熊本県知事の元には「派遣生たちの献身的な努力で、迅速なる作戦を敢行できたことを深謝す」としたためた坂本師団長からの感謝電報が送られてきた。

令之たちもさぞや喜んだだろう。その後、派遣生たちの活躍が世に知られるようになり、派遣生たちは「熱河戦五人組挺身隊」と呼ばれるようになった。

五人組のほかにも、同師団には、第二回派遣生の江本英之（宇土郡出身）が宣撫工作班に従事したようで、『九州新聞』は、「熱河平定作戦」に同行取材した新聞記者の帰熊報告会で、江本が、紅一点の中国人女性とともに住民へ熱河討伐の意義を説いたとその活躍ぶりを掲載している。

米国通信社の米国人特派員が『九州新聞』（昭和八年三月十五日付）に「日本軍治下の熱河民は、はるかに幸福」との記事を寄稿していることも目に付く。そこには「戦地集落の荒廃ぶりは日本軍による仕業と思っていたが、間違っていた」とあり、「日本軍が予定より早く来ると、街路には忽ち嬉々として語り合う群衆があふれた」「住民に対する取り扱いも鄭重で、米国都市の街上ではかつて見なかったところである」「日本軍が通過せる所では一戸たりとも一商店たりとも焼却されたものはなかった」「キリスト教宣教師も住民が日本軍を救助者として待ち受けていたと証言した」など、日本軍への好印象を外国人記者の目で記している。

熊本海外協会が発刊した『熊本海外協会史』もまた、令之たちの心境について「蒙古派遣生を出した本来の目的は、平素、語学を研究して地理、歴史、人情、風俗を知り、経済、文化の鍵として国民外交に當るが、国家の大事には身を挺して奉公の誠を盡すと云ふことである。派遣生使命の一端を十七年後、而も郷土師団のために活動することができたのは、これ人事にあらず天なり、彼らの喜びは、天にも上る思いがあった」（原文要約）と伝えている。

「熱河平定作戦」の軍事行動は、古北口、喜峰口、冷口、界嶺口といった万里の長城の重要関門まで及び、激しい戦闘の末、四月に入ると、長城を越え、華北一帯まで進攻した。

この越境攻撃は、天皇の怒りを買ったといわれている。にわかに長城までの撤退命令が出され、日中両軍は、八年五月三十日、関東軍代表、岡村参謀副長と北支那中国軍代表、陸軍中将熊斌との正式交渉が塘沽で行われ、翌三十一日、停戦協定が調印された。

陸軍省は、「極東平和建設の第一歩」と声明を出したが、この中には「協定にもとるが如き行為あらんか皇軍は更に直ちに断固たる処置に出づべきや言をまたざるところなり」とあり、戦争続行への意欲もみなぎらせている。

令之たちは、第六師団の「熱河平定作戦」が終了するや、直ちに軍務を離れ、本来の仕事に戻った。令之たちが情熱を傾けていたのは、満州国の独立を守り、五族協和、王道楽土の国づくりを進めることであり、中国への侵略を助けることではなかった。熊本海外協会は、熱河平定作戦終結後に熊本で理事会を開き、満州に支部結成を決定し、令之は、熊本海外協会満州支部長に就任した。

## 初代国務院総理、鄭孝胥の来熊を実現

満州国の独立から二年目、昭和九年三月一日、執政、溥儀は、満州帝国の皇帝に就任した。天帝に即位を告げる「郊祭式」の儀式は、首都・新京市南郊外の順天広場に急造された圜丘（俗称天壇）で清朝古式に則り行われた。外側に幔幕が張られ、色は、満州国国旗にちなんで、上から満州の黄、日本の赤、中国の青、蒙古の白、朝鮮の黒と五段に分けられ、五族協和の願いが込められていた。溥儀は、初代国務院総理の鄭孝胥《ていこうしょ》を始めとする満州国高官や国賓、関東軍司令官が見守る中、光緒帝譲りの祭服を身に着けて、圜丘に登り、天帝の代理人から玉璽を受けた。元号も「大同」から「康徳」に替わった。

令之は、溥儀の皇帝就任を心から喜んだことだろう。半年前、令之は、熊本海外協会満州支部長として、同協会理事長、阿部野利恭と連名で鄭孝胥国務院総理宛てに「溥儀が皇帝に即位し、盛大に儀式を挙行すべきだ」と建白書を提出していた。趣旨は「執政閣下が君主制を布き皇帝に即位せらるるは、日支満の提携及び亜細亜連盟を促進し、地上に平和楽土を建設すべき人類歴史上稀有の一大盛儀なりと確信す」というもので、熊本海外協会結成につながる東亜同文会、東亜通商協会の関係者、長岡護美、佐々友房、宗方小太郎、井手三郎ら故人をはじめ、侯爵細川護立、伯爵清浦圭吾、同内田康耕、安達謙蔵、徳富蘇峰らの名前を連ね、さらに熊本県が熱河省に語学

派遣生を送るなど、終始一貫、日本と中国の交流促進のために努力してきたことを伝えている。

宗方や井手らと鄭孝胥の関係は、明治四十四（一九一一）年十月に漢口の武昌で革命軍が決起した辛亥革命に始まる。この革命により清朝末期に三歳で即位した溥儀が退位し、中華民国政府が樹立された。孫文が臨時大総統を務めた後、袁世凱が大総統に就任し、溥儀は、皇帝の尊号と紫禁城での生活を保障されることになるが、そこにまたクーデターが発生し、溥儀は、大正十三（一九二四）年に皇帝の称号を奪われ、側近の鄭孝胥らとともに紫禁城から追い出された。

こうした清朝側と革命軍の対立下、溥儀の復位を目指す鄭孝胥らを支持していたのが、当時、支那駐屯軍や日本公使館とパイプを持ち、ジャーナリスト活動をしていた、いわゆる中国大陸浪人の宗方や井手たちだった。彼らは熊本国権党党員であり、東亜同文会のメンバーだった。

動乱のさなか、鄭孝胥らは、溥儀の処遇を巡って、日本支那駐屯軍や日本公使館と交渉、その結果、溥儀は、日本租界「静園」に落ちつくことになる。そして溥儀は関東軍の満州国建国に伴い、板垣征四郎参謀の説得を受け入れ、鄭孝胥と一緒に満州国に入国する。

『熊本海外協会史』は、鄭孝胥と宗方、井手らとの因縁浅からぬ関係を次のように綴る。

「本会の諸先輩との関係は無論乍ら本会創立の同士、宗方小太郎、井手三郎、西本省三、島田一雄等の故人が在世の頃、度々の支那革命動乱には常に鄭孝胥等と志を同じうしつつ、白刃の下を潜って互いに授け助けられて血を啜る苦しみを嘗め合った。殊に清朝覆滅して鄭孝胥を始め遺臣等が上海に亡命の際、復辟運動の急先鋒となり、大願成就に奔命したのも本會の同士であった。

これら同士の志は酬ひられて満州国は独立する。而も誰あらう、鄭孝胥その人が建国創草の総理として収ったのである。今は既に亡き本會の同士も地下に英霊冥すべきものであると共に、本會の喜びまた言ふべからざるものがある」（原文どおり）

令之は、熊本海外協会満州支部長に就任するや、満州国政府を表敬訪問し、鄭総理に熊本訪問を強く要請したのではないだろうか。鄭総理は、昭和九年三月に溥儀の皇帝就任儀式「郊祭式」が終わると、一カ月後に溥儀皇帝の特派大使として来日し、多忙な日程を割いて、四月二十二日、熊本を訪れた。『熊本海外協会史』の記事から当時の模様を再現すると……

鄭総理は、満州国皇帝の特派大使として昭和天皇を表敬した後、令之の特別斡旋（注＝どんな斡旋をしたのかは分からないが）で熊本を訪れた。令之も帰国し、同協会の阿部野利恭理事長、緒方二三理事と共に鄭総理を県境まで出迎えた。一行が熊本駅に到着するや、歓迎の花火があがった。第六師団長らも出迎え、駅頭には市民各団体代表や学生たち数万人が集まり、「鄭総理万歳」を連呼した。

鄭総理は、このあと、ホテルの応接室に安置された宗方小太郎、井手三郎、西本省三ら故人の肖像に前に恭しく進んで拝礼し、志士の遺族に向かって「満州国が今日成立したのは、あなた方のお父さま方の力によることが多いのです。私は今、満州国の総理として、また同志として、茲に厚く御礼を申し上げます」と感謝の言葉を述べた。

令之は、遺族側の立場でもあった。鄭総理の真摯な姿に接しながら、ひときわ感慨深かったことだろう。『宗方小太郎日記』(明治四十五～大正二年)によると、令之は、明治四十五年七月十四日夜、井手三郎に連れられて、中国から一時帰郷していた井手の同志、宗方小太郎宅を訪問している。井手は、当時、第十一回衆議院議員選挙に熊本国権党から立候補し、代議士に当選したばかりで、東亜通商協会の副会長も務めていた。令之は、熊本県立熊本中学校の舎監兼教諭に就任した矢先である。令之の胸中には、あの日、宗方、井手との出会いがあったからこそ、東亜への関心も一段と深まり、結果として鄭総理を熊本へ招くことができたとの思いがよぎっていたことだろう。

翌日、令之は、熊本海外協会幹部と一緒に鄭総理の乗った客車に同乗し、大牟田駅まで見送った。車中では教育問題が話題になり、阿部野理事長が「熊本は教育の地である。満州国から留学生が生まれれば、我々はこぞって親切に補導する」(『熊本海外協会史』より)と力説している。

熊本では、十年から熊本県農業教員養成所に「満州国日本社会教育研究留学生」を派遣する制度が生まれた。熊本海外協会にとって、鄭孝胥の来県は「満州国鄭孝胥、宗方小太郎、井手三郎、熊本海外協会の不思議にも縁も深き熊本の地にて合流したよろこび、これ人事に非ず、天の恵み、故人同士の英霊の導き」(『熊本海外協会史』より)だった。

鄭総理来熊から一年後の四月、溥儀は、満州国皇帝として来日し、天皇を表敬した。国内は、溥儀皇帝を大歓迎した。熊本では、皇帝来日に合わせて、熊本海外協会の音頭で日満友好の証として、熊本市内の小学校二十二校の児童に満州国皇帝の特派大使・鄭総理を歓迎した際の感想文を書かせ、各校の代表作品を満州支部長の令之を通じ、鄭総理に贈呈した。令之も贈呈式の写真を各小学校へ送るとともに、宗方の未亡人由紀子、井手の実子皐月に届けた。

しかしながら、鄭総理は、この直後、国務院総理を解任される。溥儀皇帝が、帰国後に新たな人事を発表し、五月二十一日付で東北行政委員会委員長を務めた張景恵を国務総理大臣に任命したのである。鄭孝胥の退任理由について、フリー百科事典「ウィキペディア」は、鄭孝胥が「我が国はいつまでも子供ではない」と関東軍を批判する発言を行ったことから、半ば解任の形で辞任に追い込まれたと記している。

令之は、鄭孝胥が国務院総理を辞任した知らせを受け、さぞや落胆したことだろう。というのも、令之は、同年一月に熊本県派遣旧蒙古留学生、旧韓国留学生計二十五人に呼びかけ、熊本海外協会を通じて、熊本県に蒙古派遣留学生制度の復活を要望し、総額五千円の献金を決めた矢先だった。

令之は、起草文に署名した旧蒙古派遣生の筆頭人として名前を連ねている。令之が県費をもらって留学していたわけではないので、熊本海外協会の東亜事業の一環として、元派遣留学生らと一緒に中国語や蒙古語などの勉強をし、自ら蒙古派遣留学生と自認していたのだろうか。令之は、いつの間にか中国語をマスターしていた。

令之は派遣留学生制度の復活に情熱を燃やした。第六師団による「熱河平定作戦」が成功したのは、蒙古派遣留学生たちの活躍のお蔭と自負し、同作戦以降に中断されていた県費による派遣留学生制度を復活したかった。軍部の力に頼らずに、民間人の立場から、満州帝国発展のためにできることは、ロシアの脅威にさらされている熱河地区に派遣留学生を送り出し、そこで語学を学ばせ、平和的な交流を通じて、民心安定を目指すことが何よりも大切なことと考えていた。

熱意は実った。熊本海外協会本部を突き動かし、その働きかけで、熊本県も十一年度から「年に三人、一期三年」を期限とする県費派遣留学生制度を復活したのだ。しかし令之たちが支援を約束した相手、満州国の総理、鄭孝胥は、既に国務院から姿を消していた。

鄭孝胥は溥儀皇帝の師傅（師からの伝授役）であり、朱子学の創始者、朱熹が後世に伝えた礼儀作法の規範「文公家礼」に則って、国民に「満州国礼」を広めた儒学の権威であり、書家としても有名な人だった。令之もまた若い頃から「論語」「孟子」「大学」「中庸」といった「四書」に関心を抱き、中国の伝統的な古い文化に敬意を払っていた知識人である。鄭孝胥が政権を去ったことを誰よりも「惜しい人を失った」と残念がったことだろう。

# 第十二章　在満日本人弁護士、そして満州国律師へ

## 奉天拠点に新京・大連・ハルピンで活動

令之は、奉天市・奉天商埠地三経路に「法学士、弁護士小山令之法律事務所」（兼住宅）の看板を掲げ、熊本海外協会満州支部長を務めるかたわら、精力的に弁護士活動を展開した。満州国顧問弁護士にも就任し、国務院や司法・検察機関のある首都新京（現在の長春）や大連、ハルピンにも事務所を開設し、忙しく飛び回った。

拠点にした奉天は、かつて清朝の初代皇帝・太祖ヌルハチが首都にしていた盛京と呼ばれた清王朝時代の故都である。故宮殿をはじめ清朝ゆかりの由緒ある建物や名所とともに、満州国建国と同時に急ピッチで造営された近代的な街並みが混在し、南満州最大の都市として発展していた。撫順炭鉱が開発され、重化学工業の発展とともに人口も急増した。

ハルピンで活動中に宿泊していたホテルニューハルピン

昭和九（康徳元）年には、南満州鉄道（満鉄）が世界に誇った特急列車「あじあ号」が姿を見せ、満州の玄関口・大連から新京まで開通（十年からハルピンまで延長）した。途中駅の奉天は、観光地としても人気があり、多くの人々が訪れた。

令之の居住所、商埠地は、明治三十八年九月の日露講和条約でロシアから譲り受けた南満州鉄道（満鉄）及びその付属地と故宮殿（奉天城）に挟まれた地区にあたる。奉天駅やヤマトホテルも近く、各国領事館、外国商社、公館などが散在した近代的な市街化地区内だった。奉天の道路は、日本人市街地として有名な小西門から主要路が放射線状に走り、法律事務所から近距離にある小西関一帯は、日本人居留民会や日本赤十字病院、郵便局のほか、道路に沿って、日本人向けの日用食料雑貨店、飲食店など多種多様な店舗が軒を並べていた。

　令之の事務所は、熊本海外協会関係者や法律相談に訪れる人、熊本県人会のメンバーなど数多くの知人、友人が出入りし、活気にあふれていた。これまでの肩書も役立っていたのだろう、満州国を代表する関東州日本人弁護士会会長にも就任した。律師と呼ばれていた中国人や朝鮮人弁護士との交流も増え、中国語が堪能な令之は、奉天の弁護士・律師グループのリーダー的な存在になった。熊本時代と同じように、夜は酒席に出かけることも多かったようで、『熊本県弁護士会史』によると、後輩の弁護士が、座談会の席上、奉天の料亭のおかみさんから、令之がしばしば顔を出していると聞いたと話題にしている。

令之と妻伊喜。中央は四女幸子

　四女の幸子（古賀幸子、宮崎市在住）も「学校の休暇を利用して、奉天の父に会いに行くと、夜も忙しくしていた。事務所には中国や韓国人の使用人を含め、いろんな人がやってきて、いつも賑わっていた」と話していた。令之宅は、当時、女学校に通っている幸子ら子供たちが東京で暮らし、妻の伊喜が東京と奉天を往ったり来たりしていた。熊本の自宅には、直之、麗子夫婦が生活していた。

弁護士活動で厄介な問題は、土地をめぐる紛争だった。日本は大正四（一九一五）年五月に「南満州及び東部内蒙古に関する条約」を締結し、満州における特殊権益の拡大を目指していた。いわゆる「土地商租権（土地利用権）」と呼ばれている問題で、同条約条文には「日本国臣民ハ南満州ニ於テ各種商工業上ノ建物ヲ建設スル為又ハ農業ヲ経営スル為必要ナル土地ヲ商租スルコトヲ得」（同条約第二条）という特殊権利が謳われていた。しかも交換公文で商租権の範囲が「三十箇年迄ノ長キ期限付ニテ且無条件ニテ更新シ得ヘキ租借ヲ含ムモノ」となっていたことから、字句解釈をめぐって、日中間の意見の対立や紛争が頻発し、このことが抗日救国民族運動のシンボル的な役割を果たしていた。

熊本県は、南米ブラジルを始め、多くの移民を海外に送り出している屈指の移民県である。満州にも、熊本海外協会が中心になって「移動農村」計画（酷寒の冬場に帰郷）を打ち出すなど、幾多の移民対策の検討を進めてきた。しかし、厄介なことに土地商租権問題がハードルとなり、思うように進まないのも実情だった。満州国建国後に締結した日満議定書により、日本の特殊権益が確認され、昭和十（一九三五）年九月に発布された「商租権整理法」「商租権整理法施行令」により、満州事変前に設定されていた土地商租権を土地所有権として認定されたものの、土地所有権や土地賃貸借権等の解釈をめぐり、数多くの懸案が残されていた。そしてこのことが民間による農地開発や企業進出問題も、土地掠奪を目指す日本の植民地化工作の一つとみなされ、日中間に新たな紛争の火種を生んでいた。

令之は、日本人ながら満州国人のために法律事務所を開設した弁護士である。「五族協和」「王道楽土」を掲げた理想郷づくりの夢を見果てぬままにしたくなかっただろう。一人の在野法曹人として満州国民のために何ができるのかを問われる立場にあった。

## 治外法権の撤廃を目指していた司法界

ところで、令之を取り巻く満州国の司法界は、どんな状況にあったのだろうか。満州国は、建国と同時に法院（裁判所）、検察庁組織が設置され、国務院に司法部が置かれた。司法部の最大の課題は、治外法権の完全撤廃を目指すとともに、司法組織や法規の整備を含む司法制度全般の近代化をどうやって実現するかだった。

作業は、急ピッチで進められた。とりわけ、大同二（昭和八）年十一月に司法部の事実上のトップ・次長職に古田正武（日本大審院検事）が就任すると、司法革新の機運は一段と盛り上がった。改革の目標は①司法権の独立の確保②法官の資質の向上③満州国独自の王道司法の創設④赤化防衛⑤国防国家の要請の充足と日満共同防衛徹底の五項目といわれている。

古田次長は、こうした目標実現のために日満司法界の権威の協力を仰ぐとともに、司法省から新進気鋭の法律学者を招いて、新興独立国家にふさわしい法典づくり（司法法規の制定）に全力を挙げた。委嘱されたメンバーを見ると、吾妻栄（民法）、松本蒸治・田中耕太郎（商法）、小野清一郎（刑事訴訟法）、村上定吉（法制一般、中華民国法政研究会幹事）ら有能な顔ぶれが揃っている。

かくして満州国では、康徳三（昭和十二）年一月に勅令第一号で公布された「法院組織法」を皮切りに、同四年一月に「刑法」、三月「刑事訴訟法」、十一月に「労働法」を制定し、十二月に治外法権の全面的な撤廃（領事裁判権の撤廃）の実現にこぎつけた。国内外に独立国家としての体面を保つためには、避けて通れない懸案事項をクリアしたのであるが、このことは、満州国が日本の植民地国家であることを内外に見せつけることでもあった。一方、『満州建国十年史』（満州帝国政府編）は、こうした司法法規の整備について「世界に誇るに足る立法のスピードアップを実現したものであって、正に司法法典の黄金時代とも称せられるべき」と自画自賛している。

古田次長は、令之にとって頼もしい存在だっただろう。東京帝国大学独法科の後輩でもあり、懇意な間柄だった。

司法制度や法令が生かされるかどうかは、ひとえに運用する人にかかっている。建国されたばかりの満州国では、司法官たちが清朝末期から跋扈していた軍閥の影響にさらされ、委縮したままの状態を引きずっていた。『満州建国十年史』によると「司法官は、その使命を没却し、無気力、無節操に陥り、学識の研磨と本務の研鑽とを等閑に附して徒らに明哲保身の術に汲々たるの趨勢を露呈し、汚の弊風すら之に伴ひ、司法の威信地を拂うに至っている」とある。司法の独立、近代化のために、司法職員の質的向上や人材育成は、緊急かつ不可欠だった。

令之もまた、当初、満州国律師に対して同じような印象を持っていたのではなかろうか。中でも気がかりなことは、律師の社会的な立場が、裁判官や検察官に比べて一段と低く見られていることだった。事実、公平な裁判を期す弁護士活動というよりは、被告側や原告側の都合のよい代弁人になり下がり、報酬額いかんによって、弁護の対応も変わるといった悪徳律師もいた。こうした律師たちに寄せられた評判は、満州国司法界の足かせでもある。令之たち在満弁護士にとっても迷惑なことだった。

こうした状況下、満州国司法界は、刑事制度の改革策の一つとして官撰弁護人制度を採用するとともに、康徳三（昭和十二）年十二月、律師法を制定した。目的は、律師たちに向けられた悪い評判を払拭するために律師の資格を定め、律師の地位向上を図ることだった。法律には、次のような項目も謳われている。

一、律師は品位を保持し、誠実に職務を執行し、司法権の公正なる運用を輔翼し、その威信を毀傷せざることに努むべき義務があること
二、律師は報酬ある公職を兼ねることを得ざること
三、律師証書を常に持参し、職務遂行に当たり、官署の要求ある場合、これを呈示すること

（『満州建国十年史』より）

この律師法を読んで気付くことは、当時の律師たちの置かれた立場が、検察官などに比べると、一段と見下された存在であることだろう。令之がどんな意見を持っていたか、気になるところだが、令之は当時、満州国顧問弁護士、関東州弁護士会会長、奉天の弁護士・律師グループのリーダー役を務めており、大学の後輩、古田次長に対して、自由に意見を言える立場にあった。令之から見れば、律師法制定は、満州国が法治国家として発展していくために避けては通れない一里塚だった。

## 満州国法曹会代表としてモッコス精神発揮

令之がもう一つ、在満弁護士として力を入れたことは、日満両国の朝野の法曹人が設立した日満法曹協会への協力だった。この組織は、昭和九年三月に設立されたもので、会則には「本会ハ日満法曹ノ提携親善ヲ図リ法律制度ノ連絡改善ニ貢献スルヲ以テ目的トス」と謳われている。

事務所は、東京・日比谷に置かれ、満州国首都の新京に支部が設置され、名誉会長には日本側は司法大臣、満州国は司法部大臣が就任していた。法曹界が官民一体となって満州国の司法制度の整備や近代化を目指すもので、日本弁護士会、東京弁護士会が中核を担っていた。

令之は、同年秋に東京で始まった第一回日満法曹協会総会に参画していなかったが、翌十年九月に新京で開催された第二回総会では、満州国関東州弁護士会（当時の会長は五十村貞俊弁護士）を代表し、律師や在満日本人弁護士と共に総会や懇親会の世話に奔走している。総会開催には古田司法部次長が満州国政府を代表して出席した。朝鮮（韓国）からも多くの朝鮮人弁護士が参加した。

第三回総会は、十一年十一月二日、東京・上野精養軒で盛大に開催された。令之は、日満法曹協会の満州国理事として総会準備委員会に参加し、総会二日前の十月三十一日には、満州国弁護士代表として、安東律師公会会長をはじめ奉天、新京、龍江など七地区の律師たちを引率して東京入りした。満州国側は、別便参加の律師たちのほか、満州国政府代表として最高検察庁検察官や錦州高等検察庁長、各地区の地方検察庁長、地方法院長らが顔を揃えた。総会期間のスケジュール等は、日満法曹協会編『第三回総会記念誌』（十二年六月発行）に詳しく報告され、今日、満州国時代の弁護士会の活動状況を生々しく伝える貴重な記録として残されている。

それによると、律師たちは、十一年十月三十一日の大会初日に宿舎の軍人会館に案内された後、国技館を見物、夜は晩さん会、二日目は開催中の日本全国弁護士大会に出席した。この大会で同弁護士会は「司法官たる資格は十年以上弁護士の職にある者に限る制度を確立すべき」と決議した。日本人弁護士たちが日本の司法当局に見せた意地の一端を示したものといえよう。このことは、友邦である満州国の律師たちに、律師の役割がいかに重要かを問いかけるメッセージでもあった。

三日目は午前八時、宮城遙拝、さらに全国弁護士会、裁判所、検事局、司法省訪問、そして司法大臣の午餐会に臨んだ。

メインイベントの「第三回総会」は午後二時四十分から上野精養軒で開かれた。冒頭、山岡萬之助会長が挨拶に立ち「世界の状況はファッショと反ファッショとが思想方面の二大潮流にある」との認識を踏まえながら「国防を共同にしている日本と満州国は、連携しながら全面的な治外法権の撤廃に向けて努力しなければならない」と力説した。続いて、山岡会長を議長に議事が進められ、日本側からは内閣総理大臣（広田弘毅）、司法大臣、外務大臣、検事総長、貴族院議長、衆議院議長（いずれも代読）、満州国側からは駐日特命全権大使、司法部大臣代理最高法院長代理、最高検検察庁長代理などが続々と挨拶に立った。挨拶の中身は、いずれも日満朝野の法曹界が親睦を深める意義を強調するとともに、日満両国政府の意向に沿った治外法権の完全撤廃が、いかに必要かを述べていた。治外法権の撤廃は、日本と満州国が一体であることを内外に示すことにつながっていた。総会終了後、大懇親会が上野精養軒階下の食堂二間を打ち抜いた大広間で始まり、令之は満州国法曹協会を代表して、大原万千百理事長の祝辞を代読した。

さらに令之は、翌日、日比谷公園松本楼で開かれた東京弁護士会主催の午餐会で挨拶に立った。少し長い文章であるが、『第三回総会記念誌』に記されている挨拶文（原文）を紹介する。

――（満州国の）在野法曹側を代表いたしまして簡単にお礼の言葉を申し上げます。今回第三回日満法曹協会総会を当地に於いて挙行になりまして、乾東京弁護士会長、常議員各位その他各会員諸君が熱誠事に当られました結果、今回の大会は誠に完全無欠に、光彩陸離の下に終了を告げましたことは私等の感謝に堪えないところであります。尚連日の御懇篤なる各種の歓待至らざるなきプログラム並びに現実満腹に値する御馳走を頂戴いたしまして、さすがに満腹、大食を以て誇って居ります満州側の者も辟易の状態でございます。

ただ斯やうなる御馳走を頂いて、何ら御返礼も申さないで帰るのは遺憾でありますから、現在の満州国の法曹状態を一二言申し上げまして、先刻の乾会長より法曹の七燈に対する御教示、御指教をかたじけのうしましたことに対して御返礼を申したいと存じます。

少し余談のようになりますが、只今そこで私は誠に光栄あるお言葉を頂戴いたしました。それは常議員副議長の永井弁護士から、あなたは非常に日本語がお上手ですな……それで私はかういふ者でございます、と申し上げました。あなたは色が黒いから満州国側のお方かと思ひました、といふことで、私も五六年前は東京に居りまして、諸君と同じように、これでも銀座に行きますと、多少モテたものであります。所が満州人はご承知のように色が黒い、これは満州色といふのでありまして、水の関係であります。しかしながら色は黒うても何とやらいふことがありますから、色は黒でも悲観はいたしません。それで私は満州へ参りまして七年（注、昭和七年に満州移住の間違いではないだろうか）になりますが、私の取扱いました事件の八〇パーセントは満州人の事件でありまして、私自身満州人と同じ立場でありまして、私は満州人と自負して居ります。賢明なる永井先生から満州国人と取り違へられるほど満州化したる私の現在、過去及び未来に於ける満州国の法曹界に於ける実際のご報告は蓋し間違いないものと前提して、ここに簡単に申し上げます。

従来は私等が訴訟を引受けます場合に満州国人が依頼します場合、訴訟報酬は幾らか、訴訟費用は幾ら要るか、訴訟費用なんかをやかましくいって、さうして敗訴の当事者は、同じやうに必ずこれは判事が或る者から買収されたといふことを申して居りましたが、現今は全くその声を断ちました。

それで満州国の司法制度は、日満法曹協会の御尽力等によりまして段々と改善をいたして居ります。訴訟費用の低減及び裁判所の善処等によりまして、現今に於きましては訴訟費用の如きは全く隔世の観があるのでございます。そういふ次第でありますから近き将来に於て満州国の司法制度は全く改善されるといふ事は間違ひないと思ひます。就きましては東京弁護士会に於きましても、どうか満州国のこの司法制度改善に対して満腔の御援助を賜らんことをお願ひいたしまして、乾会長の先刻の御示教に対しまして御返礼といたしたいと思ひます。

令之の挨拶が終わると、会場から一斉に拍手が起こった。在満日本人弁護士の立場を越えて、令之が、満州国律師の立場に立って、司法近代化に向けて尽力している様子が伝わったのだろうか。令之は、他の要人たちが挨拶の折に触れる「日満連携」とか「日満親睦」とか「治外法権撤廃」といった言葉を使わなかった。それどころか、満州国の律師たちを「いつまでも子供扱いにするな、教えられなくてもしっかりやっていく」」、そんな満州人の気概をユーモアたっぷりに伝えているように見える。令之は、熊本県人特有の意地と頑固さを持ち合わせた肥後モッコスぶりを発揮していた。

総会記録には、もう一つ、令之の肥後モッコスぶりを発揮したエピソードが載っていた。総会の日程がすべて終わった後、令之は、日満法曹協会事務局に対して、期間中に通訳のボランティアをした奉天代表律師の令息、令嬢の二人（ともに日本で学ぶ留学生）に礼金を支払うように請求した。令之の主張は「満州国では親子兄弟でも世話をした場合には必ず幾分なりと礼金を出すのが習わしだ。もしこれが頂けないような場合は、役立たずと冷笑され、気の毒な立場になる」というものだった。

しかし、事務局側の対応は違っていた。「通訳をした二人は親が総会に参加しているうえ、正式に依頼した通訳でもない。よかったら協力してくれとお願いしただけである。仮に支払いをしても、日本では、受け取らないのが習慣だから、日本の習慣に合わせるようにしようではないか」と支払いを拒否したのである。これには令之も怒りの声を上げた。満州国を代表して仕事をしたのだから、きちんと報酬を払うのは、当たり前のことだった。妥協するわけにはいかなかった。

しかし、事務局は、支払わなかった。最終的な決着は、後日に持ち越されているが、令之から見れば、憤懣やるかたない。事務局の言い分は、日本側の満州人に対するおごりが招いた、都合のよい弁解に過ぎなかった。令之が自分のポケットマネーから二人に報酬を支払ったかどうかは分からない。

当時の総会出席者名簿を見ると、令之の立場は、在満日本人弁護士の代表ながら、名簿上は満州国律師の欄に記載されている。これは、令之が、総会目前の十月七日に、二期にわたって会長を務めた熊本弁護士会に退会届を出していたためとみられる。令之は、所属する日本の弁護士会の会員資格を失っていた。懇親会の挨拶で令之が「私は満州人と自負しております」といった言葉に偽りはなかった。というよりも、令之は、「満州人」と自負することで「私は満州国の律師として、満州国の司法整備、近代化のために骨をうずめる覚悟である」ことを弁護士仲間たちに暗に告げたかったのかもしれない。令之は、翌十二（康徳四）年五月二十八日、満州国律師認許証を取得し、満州国の弁護士・律師となった。

□　□

令之が律師として本格的な弁護士活動を始めてから間もない十二年七月七日、日中戦争が始まった。前年二月に帝都・東京で青年将校に率いられた現役の陸軍将校が武装蜂起した「二・二六事件」を契機に軍部の政治支配が強化された時代に入っていた。政治学者丸山眞男著『現代政治の思想と行動』によると、日本は「二・二六事件から終戦の八・一五までの時期を日本ファシズムの完成時代」としている。

丸山眞男の説に象徴されるように、日本軍部は、北京郊外の盧溝橋付近で演習中の発生した銃声を端緒に中国国民党政府軍と戦闘に入り、政府の不拡大、協調外交方針を無視して侵略を続け、宣戦布告もしないまま、泥沼の長期戦争に突入してしまう。この間、政府は、日本軍の南京占領後に国民政府を相手に和平交渉の目途を探るが、受け入れられず、十三年一月、近衛文麿内閣は「国民政府を相手とせず」という声明を発表した。一方、中国側は、満州事変の折に「長城」を越えて進撃した日本軍との「塘沽停戦協定」締結以来、かつて日本人が「三国干渉」で味わったと同じように「臥薪嘗胆」の日々を忘れることはできなかった。抗日救国の戦いは、各地で狼煙が上がり、中国共産党との国共合作、さらには国民政府を後押しする米国などの支援体制下、日本は解決の見通しがつかないまま、泥沼の戦争を続けなければならなかった。そして日本は米、英、中国、オランダのいわゆる「ＡＢＣＤライン」包囲網の中、昭和十六年十二月八日、太平洋戦争に突入することになる。

令之は、日中戦争が始まった翌年の昭和十三（康徳五、一九三八）年五月二十六日、満鉄病院に入院、十月二十三日、死去した。五十七歳だった。九州日日新聞（二十五日付）は「満州国奉天在住弁護士小山令之氏は腎臓病のため入院加療中であったが、午後三時四十五分遂に逝去したる旨、本社社長に入電があった」と伝え、令之の略歴を紹介している。そこには「鎮西館（熊本国権党の拠点）最高幹部として県会議員、代議士に選ばれたこともあったが、感ずることがあって満州に移住し、満州事変に際しては鳥居謙吉氏（熱河平定作戦五人組の一人）らと共に郷土部隊の誘導に陰の活躍をなし満州国建国と共に満州国顧問弁護士となり、野に在って重きをなし又資性誠実、大局に通じ見識高く将来ある大人物であったが、惜しむべきである」とあった。満州国へ移住してから五年が経っていた。

満州国とは一体どんな国だったのだろうか、と改めて思う。国際的に非承認国家であり、国家として日米開戦には参戦していなかったが、末期になると、米軍の爆撃にさらされた。日本敗戦が決定的になると、ソ連軍が武力侵略し、占領した。その後、満州地域は中国国民党と中国共産党との抗争の舞台となり、中国（中華人民共和国）の領土になった。今日、満州国であった地方は、中国東北部（旧満州）と称されている。

満州国の存在意義をめぐっては、多くの知識人が意見を戦わせている。代表的な説は、暴走する日本軍によって造られ、日本軍によって壊された日本の傀儡国家であり、独立国家とは認められず、国際連盟も国家として承認していない、というものであろう。この主張をもう少し補強すると、日本の帝国主義が中国東北地方に満州国というものを勝手に立ち上げ、中国の主権を奪って、東北の土地を占有した。このことは国際法に違反した侵略行為である、ということになる。

日本は、戦前、宣戦布告しないまま突入した日中戦争を日支事変、支那事変と呼び、この事変を含め、日米開戦に至る戦争の呼称を大東亜戦争と呼称した。ＧＨＱ（連合国軍総司令部）は、この呼称を許さず、太平洋戦争と呼ぶように命じた。東アジアを中心にした大東亜共栄圏づくりを目指した日本側の目論見を大東亜戦争の呼称を禁ずる事で退けるためであった。これもまた戦勝国側が満州国建国を含む中国における日本の軍事行動を一方的に侵略とみなしていた証しだった。

その一方で、作家林房雄の著作『大東亜戦争肯定論』の発行を契機に、満州国の存在意義を問い直す声も高まった。軍部の力がなければ満州国ができなかったことは確かとはいえ、中国国内の匪賊を討伐し、治安を保ち、産業を興し、国土を開発し、国民経済の基礎をつくり、民心の安定を図った。欧米の植民地化していたアジアの解放を目指し、ソ連の脅威にさらされていた国民を守る国防体制を築いた。これらはアジア史に残る大きな足跡である、そして何よりも「五族協和」の理想を掲げたことは、人種差別を目指す今日の国際協調社会の趨勢を先取りしている発想だ、というわけである。こうした主張は、満州国の存在を肯定した論法である。そこには「政府の不拡大協調外交方針に対立して、独走した軍部が国策を誤らせてしまった、民間人や文官たちに任せてくれたら、満州国は素晴らしい国家として発展できたはず」との勝手な思い込みも見え隠れしている。何故、軍部は、長城を越えて、侵略をしてしまったのだろうか、という論法である。このことは強者の理屈である。一方的に侵略された現地の人々の誇りや権利を踏みにじったことの重大さを忘れてはいまいか。

令之が生きていたら、どんな意見を持っていただろうか。一つだけ、明確に言えることは、かつて第六師団が熱河平定作戦を展開した折、軍部に協力した令之と派遣留学生が、進撃目標の赤峰平定後は、本来の仕事に復帰するとして、その後の「長城越え軍事作戦」に参加しなかったことである。このことは、当時の熊本海外協会の阿部野理事長も「あまり早い撤退に驚いた」と感想を漏らしている。軍部の暴走には、危機感を抱いていたのだろう。

岑雄によると、令之は、天皇から賜った「軍人勅諭」を大切にしていたが、軍国主義者でもファシストでもなかった。憲政擁護を掲げ、陪審制度や普通選挙の実施に情熱を燃やした。そして法律を何よりも遵守する在野の弁護士である。法曹界で働くことを愛し、誇りにしていた。弁護を頼みに来た依頼人に向かって「そんな筋の通らぬ弁護ができるか」と怒鳴りつけ、周囲をハラハラさせたこともあった。岑雄が大学受験前に中国史を勉強するため文学部を受験すると伝えたところ、令之から長ったらしい電報が届いた。「文学部希望の由、誠に遺憾に堪えず。是非とも法学部法律学科を受験せらるべし」。岑雄に弁護士を継いでほしいと願っていた。令之に言わせると「弁護士の仕事は、自主独立、無位無冠、何人にも介されず、己の信ずることを行える男子一生の天職である。間違っても役人や教授、月給取りの如き商売をするな（なんとも失礼な暴言で申し訳ありませんが）」というわけである。岑雄は戦後、復員して熊本で公務員となり「さぞやあの世で慨嘆しているだろう」と苦笑していた。

令之は、渡満の際には家族に相談することもせず、「自分について来い」といった暴君ぶりを発揮する典型的な肥後モッコスであった。しかし、家庭人としては、愛情豊かな父親であり、祖父だったようである。闘病のかたわら、病弱な初孫、美紗子（故人、筆者の姉）に宛てて、手描きの漫画チックな絵を添えてユーモアたっぷりの葉書や手紙を熊本に書き送った。家族は、今でも、記録でしか知らない「おじいちゃん」の遺産を大切に所蔵している。

令之は、いつも遠くを夢見る人だった。政治家として、日本、満州、中国の三国連携により、東亜連盟を結成し、アジア人による、アジア人の手で、五族協和、王道楽土の理想郷を築きたいと願ったのも、嘘、偽りはなかっただろう。いつの日か、シルクロードに鉄道を走らせたいと語り、岑雄に中国で鉄道開発に挑戦する情熱も吹き込んだ。畏敬を抱いていた中国の歴史や文化を若者たちに知ってほしいとの思いから、将来、故郷に儒学の場「四書文庫」を造りたいとも、話していた。

しかし、こうした夢は、戦争勃発で吹き飛んでしまった。令之が結成を目指した「東亜連盟」という言葉も、日本が国際社会に対して満州侵略を正当化するため、別の表現をすれば、中国侵略を隠すために用いた用語の一つになってしまった。序章で触れたように、令之はままならぬ病床から幼い初孫宛てに送った手紙に「ナンデン悲しくなり、ナンデン腹立つ」と記している。自分の病状と家族の事、日本という国の行く末を危惧する、複雑な心情がくみ取れる。日本は、その後、戦争という泥沼の道をひたすら進んだ。令之の死去から七年後の昭和二十年八月九日、日ソ中立条約を無視してソ連軍が武力侵攻し、満州帝国は事実上崩壊した。この日、日本では六日の広島に続いて米国が長崎に原爆を投下した。そして八月十五日、日本は敗戦国になった。皇帝溥儀は、翌々日の十八日未明、退位の詔勅を読み上げた。満州帝国の歴史は、わずか十三年で終わる。

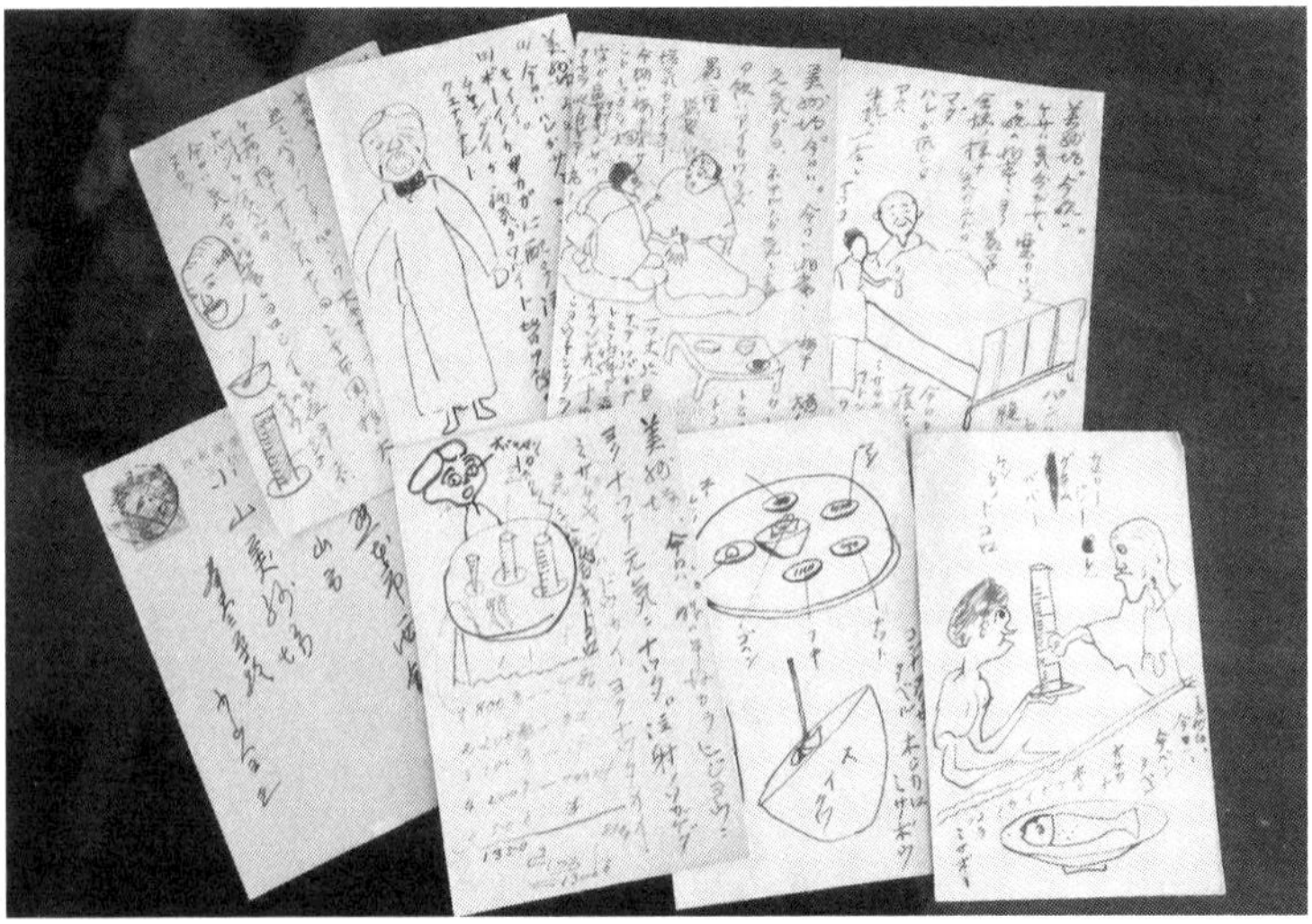

入院中の令之が初孫の美紗子に出した絵ハガキの数々（山崎隆氏提供）

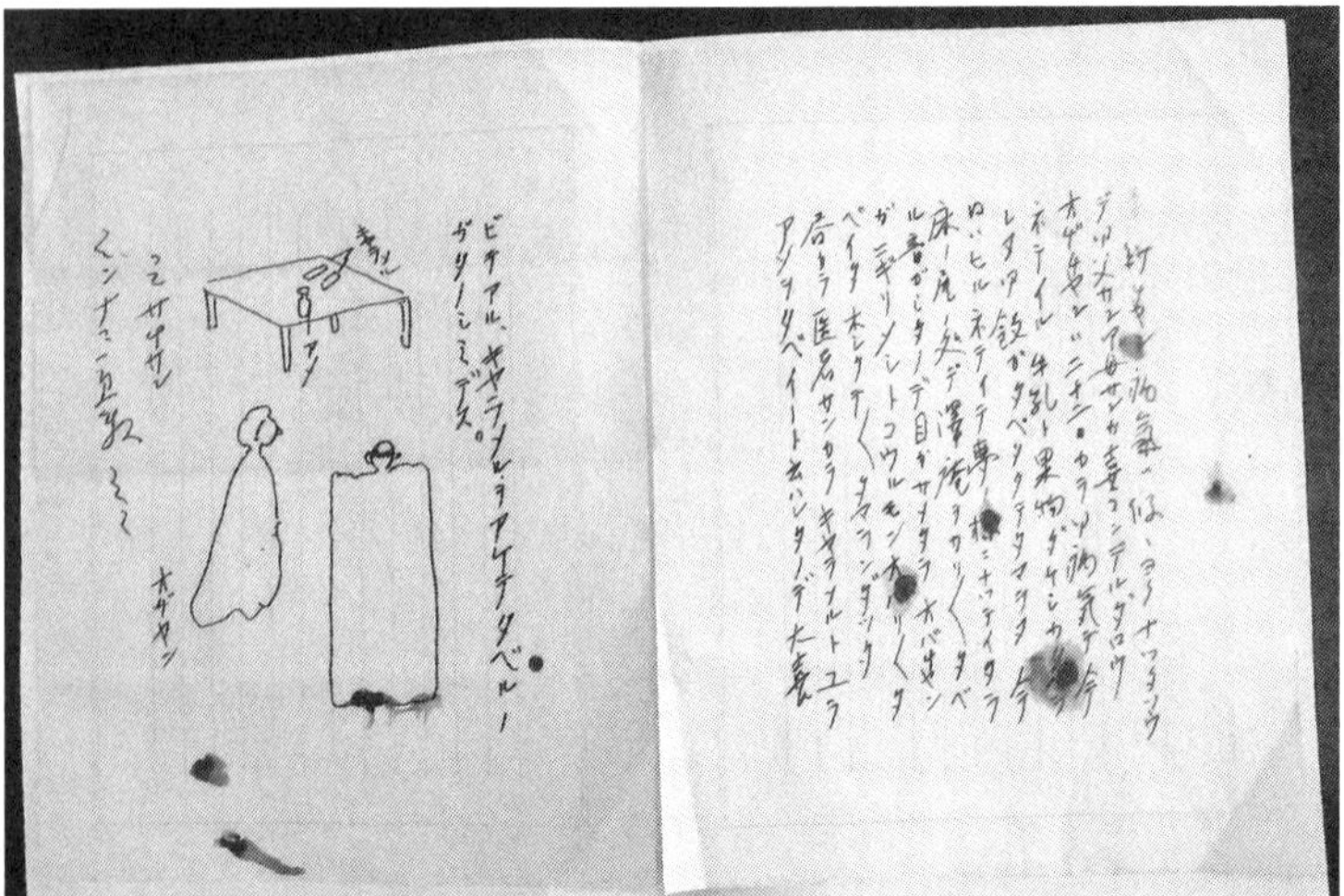

令之が美紗子に出した絵入り手紙（山崎隆氏提供）

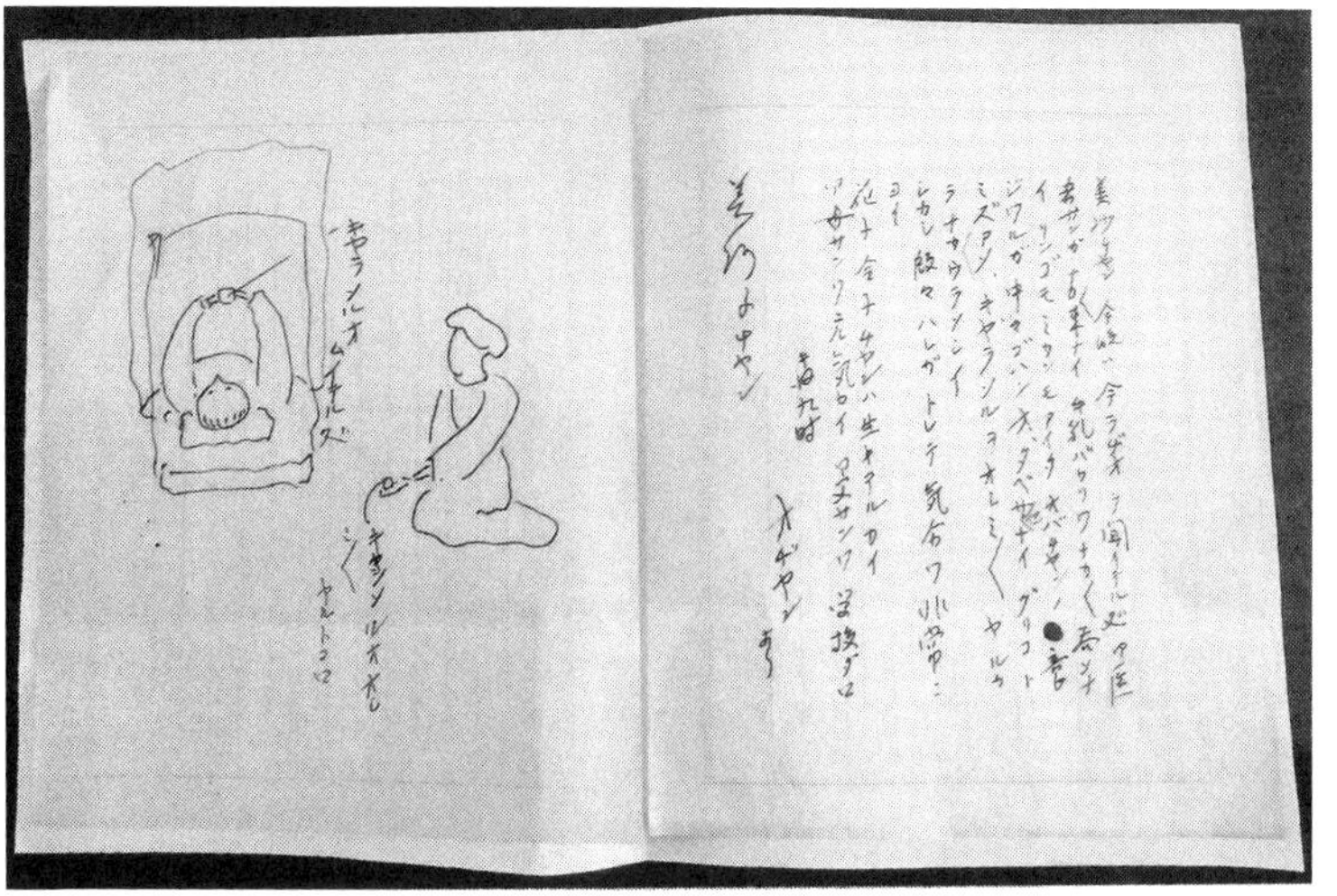

## 補足　岑雄の「我が中国の青春（一兵士の手記より）」

「一兵士の手記より」は、日中戦争に参戦した令之の長男岑雄が、熊本に復員後の昭和二十一年夏から少しずつ書きためていた戦時下体験「我が中国の青春」（一九四一～一九四五年）から抜粋し、再編集したものである。岑雄は日中合弁で設立された中華民国・華北交通株式会社に入社三年目の昭和十九年二月に北支那派遣軍に召集された。薦められた幹部候補生志願を断り、アカではないかとも噂された。以来、一年有余、討伐隊の一兵卒（最後は上等兵）として石門塞をはじめ、山東省内の博山、張店地方の戦地で死闘を繰り広げた。二十年八月十五日の終戦後もしばらく戦闘に明け暮れ、二カ月後に召集解除となり、熊本に帰った。

岑雄は、太平洋戦争が勃発した年、十六年三月に東京帝国大学法学部を卒業、シルクロードに鉄道を走らせてみたい、そんな夢を抱いていた父親の遺志を引き継ぎ、華北交通に入社、満蒙青少年義勇軍内原訓練所などで研修を受けた後、北京、石門、天津駅などで車掌や駅員，駅助役などを務め、天津鉄路局総裁室に勤務中に臨時召集され、北支那派遣軍に入隊した。

石門塞以降の戦闘記録は、岑雄の著作『美へのいざない』（熊本日日新聞情報文化センター発行）に掲載しているが、末尾に「戦争という異常な雰囲気の中とはいえ、自分の心の中にひそむ非人間的なものに心が痛みます」と記している。私は小学生の頃、戦地で戦った岑雄を英雄扱いして「戦地で何人殺したの」としつこく訊ねた。今、振り返ると、岑雄にとって、辛いことだっただろうと反省している。

復員後は、熊本県庁に務め、総務部長、出納長、副知事を経て、熊本県立美術館初代館長に就任、中国古代文化史の研究に情熱を燃やした。平成十九年二月十五日死去した。九十二歳。

## 華北交通へ入社、そして研修

満州国が建国されてから十年、日本は凄まじい勢いで海外への進出を続けていた。大陸でも続々と国策会社や大型の民間企業が立地されていた。卒業前の三学期になった頃「あーたがたも卒業前には先輩たちのお宅を伺って、御高説を拝聴せんといきやっせんばい」と親爺と濟々黌、五高、東大と一緒で、私共息子達もまた小学、中学、高等学校、大学と父たちと同じ学校の同期生という、不思議な深い関係にあった続有節老先生から懇々と説教され、嫌々ながら紹介状を貰い、訪問した所が父達の後輩である東大の講師もしておられた、拓大教授の永雄策郎博士の邸宅だった。教授は、殖民政策の権威で、満州拓殖株式会社の重役でもあり、右翼のボスとも満州の顔役とも聞かされていた。最初は圧倒されるような恐ろしい先生にも見えたが、話してみると「なんだ小山令之先輩の息子さんか」と穏やかな好々爺になられ、「君が希望している華北交通総裁の宇佐美莞爾君は、俺とは五高の同級生で、今でもよく一緒に飲むから言っとくよ」と軽い返事で、あまり当てにもしていなかった。北京に行って会社のお偉方から「総裁推薦の小山という新規職員は君か？」といわれ、やはり親爺の「七光り」の影響だったのか、といささかがっかりした。

華北交通株式会社は、昭和十四年創設された日中合弁の国策会社で、北京に本社を置き、北中国の鉄道、自動車、海運を総括する中国法人だった。我々が入社した頃には鉄道や自動車の営業キロ数だけでも各五千キロ、従業員数八万人（内中国人六万人、日本人二万人）の巨大企業だった。満州国の南満州鉄道株式会社と姉妹会社だった関係で、その年には共同で採用試験を行い、希望に応じて振り分けていたが、私は勿論第一希望を満鉄ではなく、新しい華北交通としていた。

## 内原訓練所で満蒙開拓青少年と共に

新規職員の研修は最初のテストケースとして満蒙開拓青少年義勇軍の施設、内原訓練所に委託された。宇佐美莞爾と内原訓練所所長の加藤完治が仲の良い友人で、「俺の会社の新しい社員を鍛えてくれ」という訳だった。新規採用職員は一個中隊を編成し、これを五小隊として中隊長には日大卒業の予備陸軍中尉が当たり、各小隊長には帝大出身の年長者が充てられ、私も第四小隊長に指名されていた。訓練は内原の基礎訓練と北満の現地農業訓練の併せて三カ月の予定だった。

満蒙開拓青少年義勇軍は、一九三九（昭和十四）年に大日本青年団と文部省が中心になり、陸軍省と関東軍が側面から応援するという国を挙げての移民計画だった。この義勇軍に採用された十六歳から十九歳までの少年たちは、茨城県の内原訓練場で訓練を受けたあと満州に送られて武装した農業移民となり、所謂「屯田兵」として満蒙防衛の兵力としても期待されていた。そして敗戦までに八万六千人が入植したといわれているが、彼らの大部分は兵隊にとられ、残された義勇軍の少年たちもソ連軍の侵入と激しい攻撃を受けて、殆んど悲惨な最期を遂げてしまっている。

当時一万人を超える若者たちが内原の訓練所に集められ、粗末な「日輪兵舎」と呼ばれた丸型の宿舎で満蒙移住のために数カ月の猛烈な訓練を受けていた。訓練が終わり、いよいよ満州への出発の朝、数千人の青少年たちが義勇軍の真新しい制服を着け、大太鼓小太鼓だけの軍楽隊の胸にこたえる響きの中を、開墾鍬を担いで粛々と訓練所の営門を出発行進する姿には、余りの健気さに、見学していた我々華交中隊の連中も感激してしまった。まだ子供っぽい少年たちが親兄弟と離れて、未知の酷寒と酷暑の満州の奥地に旅立つのは何としても悲壮なものだった。

その頃「率先垂範」という言葉があったが、ここでの教育はまさしくその通りだった。指導者は困難な仕事ほど、みずから進んでやって見せることになっていた。最初の実習は何と「便所掃除」だった。指導員は「こうやります」と言って自分から便所穴にもぐり、大便のいっぱい入った甕を、素手で胸に抱いて捨て場まで運び、荒縄に水をつけて洗い、元の場所に据え付けてから、便所の中の掃除をして見せてくれた。自分で自らやって見せる、そして部下を従わせる、この指導方式には学校出の諸君は度肝を抜かれた。最後の訓練は茨城の内原から東京の靖国神社までの二百キロの不眠不休の行軍だった。三日二晩歩きながら居眠りをして夢を見ての行進は、苦しかったが貴い思い出になった。

## 北満で開墾作業

北満州の六月は、素晴らしい自然だった。零下四十度の厳しくて長い冬がようやく過ぎて、春が怒涛のように押し寄せていた。李家の小訓練所に夜到着した我々は早朝起き上がって驚嘆し、呆然としてしまった。見渡す限りの緑の地平線の彼方まで文字どおり花の絨毯に敷き詰められ、赤黄白等のあらゆる色の花々が夢のように浮かんでゆらゆらと揺れていた。悲しくなってしまうような素晴らしい美しさだった。

現地の満州で最初に入った李家開拓村の方は、北安の丘陵地の上にあって此処からは見渡す限りの広大な原野が広がっていた。ここには未成年の義勇軍の少年たちが武装して入植していたが、彼等は偶然にも熊本県出身の子供たちだった。夜には防寒服を着けた彼らが自分の身長程ある小銃で、つい数日前深夜の巡察で、電柱に登って電線を切っている匪賊を発見して、撃ち落としたとの武勇伝が話されていた。きたない小屋の土間で暗いローソクを囲んで一夜を過ごしたが、逞しい身体に不似合いな幼い少年たちの顔付きがまだ忘れられない。毎日の厳しい生活をボソボソと話してくれた。しかし、満州国の将来とか「東亜新秩序の建設」とかの夢を、目を輝かせて喋る子供達の余りの理想論に、我々は此処の教育と訓練の成果に驚嘆しながらも、これで良いのだろうかとの一抹の疑問と不安を消し去ることが出来なかった。結局若かった彼等はあのまま、夢を抱いて国境に消えていったのだろうか。

蘇満国境。此処での最後の行事は風雲急な国境の見学だった。最北端の街「黒河」の早朝は静寂そのものだった。思いの外狭かった国境の河、黒竜江の対岸には我々が不気味な敵と恐れているソ連邦の「ブラゴヴェシチェンスク」の街並みが静かに眠っていた。ソ連兵の歩哨が立ち、砲台やトーチカ、銃眼が睨む国境を予想していた我々にはいささか意外な景色だった。二、三年前には張鼓峰事件、ノモンハン事件が起こって日本軍とソ連軍が激しい国境での死闘を続けて、多くの死傷者が出た時代にしては、予想外の静寂さに吾々は不気味ささえ覚えたものであった。

最後の研修は満州の東北端鉄山包の一カ月の開墾作業だった。一列横隊になって開墾鍬をふるい、緑の草原が毎日真っ黒い沃土に変わってゆくのを見ると、満州の大陸を「開拓」しているという実感がやっと湧いてきたものだった。

私の隣は内原から特別に視察に来ていた所長の加藤先生だった。剣道の名手と言われた先生が逞しい腕で、ザックザックと掘り進む勢いには、とてもついてゆけず、休憩の時に見ると先生の開墾鍬は、我々の鍬の倍もある大きさと重さのものだった。「おれは神様扱いだから隊員に負ける訳にはいかないからな！」と笑っていたが、やはり大した先生だった。空には南からシベリアに渡る鶴や白鳥の見事な編隊が音もなく飛んでいた。

作業が終わっても数時間は日が暮れない。宿舎の裏手は湿地帯で、此処には無数の大小の池が散在していた。誰かが何か魚がいるらしいぞと言う事で、私は東京から持参した釣竿と仕掛けを持ち出して池の一つに急いだ。ところが餌がない。どこにでもいるはずだと思っていた「みみず」も、三十センチも掘ると未だ凍結していてショベルが立たないこの辺りの土の中には全然いなかった。仕方なく蜘蛛や蝗《いなご》を捕まえて釣針につけて水面に落とす。忽ち竿は満月のように絞り込まれて、六十センチ以上の巨大な鮒らしい魚が釣れてきた。それからは入れ食いで大きなバケツに何杯かの漁獲になった。この獲物は我々の久しぶりの栄養源になってくれた。しかし良いことばかりではなかった。こんな激しい自然の中で、よくぞ生き延びていると思うほどの夥しい昆虫が襲来してきた。蚊、あぶ、蠅、ぶよ、蜂等々どこからわき出すか無数の虫共の攻撃にはさんざん悩ませられた。

ひどい食事と昼夜の激しい温度差に隊員たちに次第に病人が出始めた頃漸く訓練が終わった。やっと三カ月の研修が終了し、憧れの中国本土へ出発したのは七月になっていた。夢のようにきれいなハルビン、懐かしい新京、数年前まで両親とも暮らした奉天、山海関を経て北京に到着した時はもう真夏の太陽が輝いていた。山奥から都会に出てきた我々はひたすら腹いっぱい食うことと、ベッドにゆっくり眠ることしか考えられなかった。

そしてこれから会社の駅員、車掌、貨物員、構内助役、貨物助役等の厳しい二年間の現場実習が始まった。

## 召集令状を受け入営

太平洋戦争がいよいよ激しくなってきた昭和十九年正月、戦地の中国北京に本社のあった我々の会社にも臨時召集令状がやってきた。召集を受けて青くなっている、前の席の慶応ボーイT君を慰めていた時、事務の少年がもう一名追加がありましたと駆け込んで来た。そして何と私の名前が呼ばれた。この時ほど自分の姓名が大きく響いたことはなかった。

総裁室文書主管部長のI総務部長が「君に召集が来るはずは？」と驚いていたから、どうやら徴集の保留人員になっていた私が、手違いで召集されたらしくも思われた。しかし当時日本は全面的な召集を受け、五体満足な成年男子はほとんど兵隊にとられていて、その後現地の中国でも大規模な動員が行われたから、我々が考えていたよりはるかに戦況は厳しく、私などが召集されたのも当然だったかもしれない。

令状がきてから入営まで二週間の時間があった。勿論東京の自宅まで帰る暇は充分あったが、又別れる時の苦しさを思い帰郷は諦める。

召集を受けたことを連絡することは禁止されていたが、友人のE君にだけは電話で知らせる。

中国人の親友丁さんの家にそれとなく暇乞いに行く。美人の奥さんが「可哀想に！」といってくれた。生まれて初めて、方々からの餞別などで金が余ってしまい東京に限度額まで送金する。いつも金を持たない先輩に大枚百元也をお別れにと進呈したら死ぬなよと泣いてくれた。宿舎のYMCAの一人ぼっちの部屋にこもって、酒も飲まず、盛り場にも行かず、この残り少ない貴重な時間を読書と、レコードを聞いて消費する。ベートーベンの第五、第七、第九、シューベルトの鱒、死と乙女、未完成交響曲等々、手元にないものは、金にあかせてわずか数日の為に買いあさる。どうせ誰かの手に渡ると知りつつ、そして我ながらそのセンチに酔い、気障だなと自認しながらも、長い時間部屋を真暗にして音楽を流し続けた。

二月九日出発の朝、レコードと写真機と鳥籠をかかえて会社に別れの挨拶、可愛いY嬢に預けて出かける。後で聞いたら誰もが私は戦場で戦死するに違いないと話し合ったそうだ。

軍隊からの第一報

――死を覚悟し、母親へ葉書（入営後の様子を伝えることは厳禁）

今般当部隊に入隊、元気一杯張り切って居りますからどうかご安心くださいませ。

華北交通に約三年、大東亜戦下日本男子として戦争に直接参加しうる事を幸福に思い、大いに良き兵隊となるべく、力の限り御奉公いたす覚悟であります。
銃後の皆様頑張れ！大東亜戦に勝つために！
会社でお世話に為りましたのは総務部文書主幹I氏ですから宜しくお伝えください。
小山いき様
北支派遣衣第4291部隊
き長浜隊　小山岑雄

## 軍隊生活の始まり

二月十日、寒夜の月光に輝いている泰安駅着。汽車を降りると「召集兵はこちらへ来い。四列に並ぶんだ、ぼやぼやするな！」との怒鳴り声に、いよいよ俺にも軍隊生活が来るんだと観念する。兵営の門をくぐり、「貴様らは本日から軍人である。命はもらうぞ！」との勇ましいドラ声の訓示を受けて兵舎へ。会社の服を脱ぎ捨て、薄くて冷たい軍服に着替える、襟の一つ星が哀れなり。

それから汽車に乗せられ北上。泰安から教育隊のある徳県へ。車中で熊本弁が聞こえ、郷里の奥古閑出身のF氏に会う。彼もまた二等兵。中国語が達者なので後では大隊長の通訳になり、中国服を着て大きなモーゼル拳銃をぶら下げていた。

十二日朝「ワッショイ！」との乾布摩擦の悲痛な大声で目がさめる。怒鳴り声、ビンタの音、ハイ、申し訳ありません！　等々、やはり私にも夢ではなく現実に兵隊の日がきたのだと身体が震えるような気がする。いよいよ始まり！

軍隊に入って暫くは何とかついてゆけた。内務班十五人の現役初年兵に、私達補充兵が加わった。新兵は皆二十歳、関東の農村出身の逞しい連中だったが、補充兵の我々は既に社会生活をしていた三十歳近いものばかりだった。

最初の頃、班長の○伍長が若い連中に「今度貴様等の所に入ってくる者共は娑婆で暮らしたものので、学校出もいるからそのつもりでつき合え」と訓示していた。何か特別扱いしてくれるに違いないと淡い期待を抱いたが、それはもろくも裏切られた。軍隊はそうあまくはなかった。

私たちの部隊は独立混成旅団で、兵隊は地域的にもバラバラだった。五年兵は東京、四年兵は大阪、三年兵は北海道、二年兵は関東地方、そして我々補充兵は九州出身と各年次毎に出身地が異なった兵隊の寄せ集めだった。従って同郷、同地区出だとかの地域的な連帯感等は全然なかった。それどころか教育が終わって中隊に行くと一番古参兵の五年兵に「貴様等は何処の出身だ？」と聞かれ「熊本であります」と答えると忽ち他の五年兵達を呼び集めて「こいつらは俺たちをいじめて去年除隊した古兵達と同じ熊本だとよ」「お礼をしようぜ」とぶん殴られた。この部隊は、軍規の厳正と猛訓練で有名だった。

学校教練のお蔭で初歩の訓練はまずまずだった。射撃は五十点満点で四十五点が出て大隊一番になったし、手榴弾投擲も誰にも負けず教官のN少尉から「お前は良い兵隊になるぞ」と煽てられた。しかし分隊戦闘訓練になった頃から若い現役の連中に体力が追いつかず、教育機関の末期には疲労困憊その極に達する。とうとう部落検問の最中ぶっ倒れて済南陸軍病院に入院させられてしまう。

## 陸軍病院に入院

初年兵の教育訓練の末期には、若い現役兵に体力が追い付けぬようになってしまっていた。真夜中の非常招集、町の中に八路が入りこんだとの情報で盛り場を検問することになる。着剣した小銃を構えて一軒一軒を捜索している間に、睡眠不足と疲労が重なってひっくり返ったらしい。

珍しく直ちに舎内休養、大学の先輩らしい軍医が入院して休むようにしてくれた。済南陸軍病院に入院。久しぶりの日本女性、看護婦さんが文字通り白衣の「天使」に見える。清潔な寝台に横になると正に天国にきたような気分だった。殺気だった兵営内や内務班の緊張に比べたら夢のような安逸さだった。数日は昏々と眠ってばかりいた。ところが現実は厳しかった。若い兵隊が婦長さんに呼びつけられて、何か文句を言われていたが、突然婦長の手が上がり、ビンタが飛んで、我々は度肝を抜かれる。やはりここは軍隊だという事を思い知らされた。

我々の病室は内科病棟で、下士官以上はいなくて「兵」ばかりの病室だった。胸部疾患等の患者が多かったが、その他に急性神経痛という耳なれない足の立たない患者が数人いたが、これは内地で徴集されたばかりの兵隊が、急に数百キロの強行軍をさせられて起こった病気らしかった。

患者は病状により「担送、護送、独歩」のランクがあって動ける限度が決められていたが、やはり軍隊の階級は厳然とものを言っていた。病気が悪くても、下級の兵士はよくこき使われ、殴られることも少なくなかった。それにしても原隊に比べたら極楽だった。

しかしこの陸軍の病院には、軍隊への反逆の空気がみなぎっていた。おかしな事に兵隊達は病気が良くならないことを願い、何時までも此処に居らせてもらうことを熱望し、部隊に返されることを心から恐れていた。中隊に返されることは再び地獄の戦場と内務班でいじめられ、殴られることを意味していたからだった。

体温計をあっため、血沈棒や喀痰を取り換え、裸で外に寝て風邪をひこうとする奴もいた。内地送還、兵役免除の救いはあったが、これは天津、奉天等の関所があり、殆んど瀕死の重傷患者にだけ残された逃げ道とあっては、此処に居残るように努力するより他はなかった。

私は軍隊生活を憎悪していたが、非国民的で、女々しい兵隊の態度にはどうしても我慢出来なかった。最後の診断の時は体温三十七度八分、血沈二十八あったが「大丈夫であります」と痩せ我慢して退院してしまった。そして一週間後に始まった討伐生活で脂汗を流して、これは死ぬかもしれないと後悔したものだった。しかし身体はぐんぐん強靱になったから、何が良かったか解らない。

## 石門塞の戦い（一九四五年一月）

泰山山脈の中を流れる淄河《しか》の上流にそった小さい部落が、私達が数カ月の間、血と汗を流した石門塞であった。この村は三、四百メートル程の高さの駱駝のこぶのような奇妙な恰好をした岩ばかりの山の麓にあって、僅か三十戸程の寒村だが、所謂「匪区地帯」―そのころ敵の勢力範囲をこのように呼んでいた――と日本軍の占領地区の中間にあるため、両方の軍隊、さらには土匪などにも荒らされつくされて、ほとんど屋根と壁だけを残した荒涼たる村になっていた。

前にそびえる禿山を私達は「馬鞍山」といっていたが、その頂上にはかつて数百の兵力と飛行機の攻撃でも落ちなかった中共軍の城塞があった。山の下には中国には珍しく澄みきった水が流れた淄河があって、この二百メートル程の河原をへだてた石門塞に日本軍が陣取っていた。

×　×　×

今度の討伐中隊は総員四十名。私達の分隊は七人の機関銃分隊である。分隊長は〇伍長。服装は便衣――つまり中国服。雲の低くたれこめて薄暗い夕方、三十キロの行軍を終えて、荒れ果てた部落に到着する。

時々雪がちらついているというのに背嚢の下はジットリと冷たい汗に濡れている。村に入り屋根のある家を探して、営舎の割り当てがすむと、私達新しい兵隊に対する地獄が始まる。

分隊長と古い兵隊の装具をはずしてやり、井戸を見付けてひもをつけた飯ごうをおろして水をくみ上げ、それで顔を洗ってもらう。泥の家の中から邪魔になる家具や農具などを外へ放り出す。

土間に石を並べてそこを炉とする。乾草を集め他の分隊とののしりあってアンペラを奪い取ってきて敷く。燃料をつくる。それから屋根に上って煙抜きの穴をあける。

高粱殻に火をつけたら屋内はもうもうたる煙に閉ざされる。古い兵隊が体をふいて、アンペラの上で煙に顔をそむけながら暖をとるころには、寒い屋外で兵器の手入れを始める。……小銃・帯剣を黒光りするまで磨き上げ、軽機関銃も擲《てき》弾筒も分解し、銃口も油を通しておく。それから洗濯、真っ黒になった靴下も襦袢も、氷の浮いた乏しい水で洗い、焚火のそばにかけて乾かす。

片方では炊事。軍隊生活の中で唯一の楽しみの筈の食事も、悪口と雑言や、怒声とビンタの音の中で騒々しく作られる。それから「飯上げ」の殺気だった分配が終わって飯ごうの底にちょっぴりくっついた高粱飯をガツガツと流し込み、身体の芯まで冷たくなる水を飲んで空きっ腹をだましたらすぐ食器を洗う。薄明りの石に上に置いた飯ごうの底がすぐに凍りつく寒さである。すべてが殺気と緊張の中に手早く行われなければならない。

「もたもたするな!」「ピシャリ」怒鳴り声となぐる音のほかは無言の中である。ものをいう暇も元気もない。時間を少しでも浮かせないと限りのない仕事があり、結局眠る時間もなくなるからだ。

「分隊長集合!」やがて隊長が帰ってきて今夜の勤務の割り当てが分かる。第一分隊が敵の正面の河原に分哨に出て、私達第二分隊以下の三分隊は中隊の入っている農家で警戒に当たりながら仮眠するのだ。一時間交代で歩哨に二人、それが動哨と立哨。それから不寝番の「控え」をしたら眠る時間は夜の三分の一になってしまう。考えてみれば今度の討伐開始以来二十日間も毎晩二時間ぐらいしか寝ていない。連日三十キロの行軍途中、大休止・小休止のときに地べたに転がって寝る。束の間の泥のような眠り。我ながらよくもつものだと考える。

「やれやれだな」偉い人たちが寝込んで私達ばかりになって、やっとボソボソとお喋りがはじまる。机の足や丸太が具合よく燃えついたのにホッとして、高粱の束に腰を下ろし、ケースからカサカサに中身が抜けた煙草を出し、伸ばして一服つける。

「きたねえ面だな」同年兵のM一等兵が私の顔を見て、ポツンとものを言う。連日の睡眠不足と過労と不精とで、アカとヒゲにまみれた顔が、明るくなったり暗くなったりする焚火に照らされてテラテラと光っている。食って寝て、歩き走り、はいまわって、また怒鳴られ、なぐられ、その間に銃を撃ち、殺し殺される。それが私たち兵隊の生活だった。これでも遥か彼方の祖国に何らかの奉仕をしているのだと何とか信じようと努力する。それにも拘らず毎日の暗さ、光明のない緊張の時間の連続に身体も心も疲れ切っている。

一度手帳を見付けられて「つまらぬことを書くな」とビンタされて以来、秘かに書き続けているボロボロの手帳も、この頃になるとずっと「アニマーリッシェス・レーベン（動物の生活）！」とだけしか書いていない。他人を恐れ呪い、自分自身にも腹を立て、その上、魔物のように出没する敵と顔を合わせている毎日にくたびれ果てている。いつも眼をギョロギョロさせて自分も含めすべてを憎悪する日々、出動して敵と対峙して銃をぶっ放す時が一番良かった。其の時だけは憎しみも恐れもなく、敵だけに集中できる。

「ダアーン！」手榴弾の爆発音がして「ワアーン」と山々が反響を返し合う。少なくとも五十キロ以内に私達討伐隊の味方はいない筈だ。

「畜生！　今夜も寝られそうにないや」Mがやけ気味でテカテカに光った中国服の袖で水っ鼻をふいたとき、戸口をガラリと開けて動哨が入ってきた。「非常だ！」いつも聞かされる低い圧し殺した、嫌な声だ。靴のひもをかけて、ズッシリ重い布の弾帯を腰にまきつけ手榴弾をはさんで銃をとる。

「くそったれ！」舌打ちして起き上がった分隊長の派手な便衣の上に十文字に弾帯をしめつけてやる。アンペラを押して外に飛び出す。何時の間にか雲が少し薄くなって月のある辺りがボーッと明るい。覆いかぶさるようにそびえ立つ馬鞍山の頂上から敵の燈火がチカチカ光っている。

白い息をはいてガチャガチャ装具を響かせて屋内から兵隊が這い出して来る。「第二分隊集合終わり！」「指揮班集合終わり！」「分掌の前に敵が来ている。敵サン俺たちを中国軍と思って襲撃を準備しているらしい。小隊はこれを河原で挟撃する」

小隊長K少尉の声も低い。「弾丸を込め！」「着け剣！」「第二分隊前へ！」。布の靴なので音はしない。銃を低く下げて進む。銃剣が時々光る。五分で分哨につく。第一分隊の全員が今夜の分哨となった小さな廟の屋根と土壁にはりついている。

「二百くらいきていきます」分哨長のK伍長が低い緊張した声で報告している。しかし、土に顔をくっつけてすかしても、見えるのは白い河原と黒い木立だけだ。

「おい、行くぞ」。私達の分隊は左側に回ることになり、畑を左へ左へと足音を忍ばせて歩く。二千メートルも迂回してから畠の畔の手前に伏せる。冷たい土を全身に感じる。かさのかかった月が馬鞍山の上に出てきて、凍りついた河が白く光っている。銃を左の手首にのせて息を殺して待つ。長い待機。右手で小さな土塊を無意味につぶしている。

「ダアーン! ワアーン」遠くで手榴弾が鳴った。しかし敵も味方も沈黙して動かない。殺し合いをする直前の無気味な時間。早く始まってくれ、と耐え切れない焦燥を感じながら、こんなのが殺気に満ちたというんだな、などと考えている。

「何か来るぞ!」K一等兵がささやく。黒い影が姿勢を低くしてソロソロとこちらへ進んでくる。敵の方向からだ。身体をしっかり土に押しつけ、銃を握りしめる。

誰かの早い呼吸が妙にはっきり聞こえる。影は目の前十メートルに近づく。そして何か気配を感じたか、向こうも伏せてこちらをうかがっている。いやな一瞬である。とうとう分隊長が中国語で誰何する。「誰何（シエイア）!」

沈黙が続く。漸く低い声が聞こえる。「コートー!」何だって? コートーというのは次の部落の名前だ。「誰か!」伍長の、今度は日本語の声が少し高くなる。「コートー!」これは敵の合言葉だったらしい。しかしその時は「後藤」とも聞こえて一同ためらっていると誰かが「敵だ！」と怒鳴る。同時に人影は忽ち飛び上がって、もと来た方へ素早く逃げ始めた。分隊全員も飛び出す。足の早い分隊長の白だすきにくっついて走る。

敵はつまづいたのか、目の前三メートルまで追いつめる。射つか突くかと走りながら考えていると敵がふり返る。銃の槓桿《こうかん》をガチャガチャと動かす音、それと同時に分隊長の銃が「ダアーン」となる。敵は夜目にもはっきり土煙を立ててひっくり返る。

「やった」「気をつけろ、手榴弾を投げるぞ！」

一同が姿勢を落とす。とまた敵がむっくり起き上がる。K少尉が軍刀を大きく振り上げて切りつける。敵の厚い綿入れの軍服に刀が横にすべってボタッと大きな音を立て、少尉も勢い余って一緒にひっくりかえる。「誰か突け！」あわてて飛び出す。そして、再び立ち上がり、こちらへ銃口をむけた敵の横腹に銃剣を身体ごとにぶちこむ。敵の冷たい軍服を左手に感じる。そして突き倒す。

動かなくなった黒いものが急に「アーアー」と人間離れしたうめき声を出し始める。その凄まじい声にギョッとして、その声を止めたさに、敵の身体をまたいで銃剣をつき立てる。額に冷たい汗が出てくる。

再び長い待機。冷たい夜は静寂にかえる。足音を忍ばせて前進する。川の土手が黒く迫る、チラチラする人影。敵前十メートル、また凍った土に伏せる。

戦闘になれていないＫ少尉は突っ込むだけの決心がつかない。不気味な対決。しかしやっと少尉の軍刀がキラリと光る。飛び出す。

「シーッ」これが夜間戦闘での突撃の喚声だった。頭を思い切って低くしているつもりなのだが、自分だけがやたらと背が高いような気がする。足が妙に軽くて、身体がカーッと熱くなっている。今にもいやな機関銃の発射光が光るか、柄付手榴弾が飛んでくるか一瞬一瞬おそれながら走る。

堤にとりつく。しかし敵はすぐ退避したらしい。二十メートルくらい前の暗闇にゴタゴタする気配がし、突然目の前に一発「ダアーーン」と手榴弾が赤黒い鉄片を吹き飛ばす。破片が「ブーン」と頭の上をかすめて飛んでゆく。

このころから前線の接触が始まった。Ｋ候補生が後方の闇の中からひょっこり現れる。「すぐ引き上げろ」分哨に集結。異常はない。その夜は中隊全員がそのまま非常警備につくことになる。

## 楊家店での戦い（一九四五年二月）

北支の冬は相変わらずキラキラした太陽が輝いている。昨夜十一時から我々の中隊は、大隊の一翼として楊家店の小さな部落を見下ろす丘陵の上に、まだ薄暗い朝の五時から待機している。

今日の編成は五名の機関銃分隊。分隊長〇伍長。東京で魚屋だった。軍隊生活五年の江戸っ子で、討伐生活の最初から一緒で、ずいぶんなぐられてきたが、いつも私を自分の分隊に入れてくれている。

T上等兵。彼もまた五年兵。仲々いい男である。いつも一人で部落の中に入り込んで不思議に中国の小孩《しょうはい》（子ども）になつかれている。金をふんだんにもっていて、中隊の准尉に中国姑娘《くーにゃん》との結婚の許可を申し出て困らせているとか。戦闘になると一人きりで前へ前へと出て銃をぶっ放す。新しい兵隊をなぐらないので人気は良い。

M一等兵。北京の興亜学院出身。現地召集で中国語もうまい。K一等兵。十九歳の初年兵。あまり若くて小さく可愛いので、流石乱暴な我々の中隊でもあまり殴られないペット的な存在である。それに私。わずか五名の分隊。

×　　×　　×

今日は大隊の主力が山の向こうから中共軍をこちらに追いこみ、この下の盆地で「包囲殲滅」することになっている。しかし「八路軍」の民衆を基盤とした諜報網は、日本軍のちゃちな密偵の手をくぐり抜け、従って我々の「包囲攻撃」はいつも兵隊を疲れさせ、部落を荒廃させるだけの効果しか上がらない。今日も食料――鶏や卵、うまくいけば豚にありつけるかもしれないくらいの期待しかなかった。

三千メートルも離れた向こうの山の上から銃声が聞こえはじめ、五，六名ずつの豆粒のような人影が走り下るのが見えだしたのは、待機に疲れ切った昼頃だった。これと殆んど同時に、我々の目の下、三百メートルくらいの道路にひょっこり真っ黒い服を着た集団がひとかたまりになって走り出てきた。

「何だあれは?」〇分隊長が目をキラキラさせて怒鳴る。

「敵だ!」　眼鏡をのぞいていた小隊長の〇軍曹が怒鳴る。分隊長が自分で機関銃をとりあげ、あぐらのままで「ダダダ!」と右から左へと銃口を動かす。耳に続けざまに平手打ちをされるような発射音。「パパパッ」と土煙があがる。黒い人影はパッと四方に散り、横の雑木林に駆け込む。……新しい三八式歩兵銃の穴型照門に敵を入れて静かに狙う。敵から撃たれない戦闘は初めてだ。「バアーン」肩にくる衝撃。銃口が飛び上がる。


林の奥にふみ込む。どこからかパーンパーンと撃ってくる。分隊は凹地に集結して小休止。ゴロリとあおむけになると青い空が澄みきって高い。目にしみてジーッと涙が出てくる。一人射殺、一人捕虜。殺したり殺されたり、食って眠るだけの日々。これが兵隊の生活なんだと自分自身に言い聞かせる。それにしてもこの空しさはどうしたことか。

弾丸が近くなって頭の上の木の枝がビシッと折れ散る。……「ダアーン」迫撃砲弾が一発。

「おい行くぞ」　分隊長の声。重い背嚢をゆすって起き上がる。また前進だ。

## 小口子では（一九四五年四月）

日本の戦局が不利になるに従って、我々の居た山東地区、泰山山脈周辺でも中共軍の攻勢が日に日に積極的になり、日本軍は急遽、部隊の集結強化をはかったが、分隊単位、さらには小隊単位の分遣隊、守備隊の玉砕が相次いで報ぜらるようになった。

当時私たちの中隊は全員百五十名に足らなくなっていたが、数年来の討伐専門部隊としての経験と熟練によって、大隊の予備隊とされ、状況険悪な地域に派遣されていた。

昭和二十年に入ってから大抵服装は便衣、中国服と中国靴、それに布の弾帯、中国帽、青天白日のマークのついた防寒帽といった具合に、全く中国軍と区別がつかない格好をすることになり、手洟をかみ、大便に紙を使わず、銃も自由にかついで行進するようになってきた。

私達の中隊の行動も、山また山の中にある中共地区の奥深く潜入して、払暁を期して敵の根拠地に突っこみ、襲撃の上これを焼き払って疾風のように引き上げる、といった凄まじい動きが連日続いていた。……

小口子の分遣隊に入ったのは四月中旬の夕方である。今度の任務は味方の望楼構築警備。討伐隊は総員僅か三十一名。私達の分隊はK兵長以下六名の機関銃分隊。夜の中に出動。八路の根拠地に入り、部落を焼いて敵に撃たれて分遣隊に帰りつくと、間もなく襲撃してくる中共軍。一カ月もかけ部落民を動員してつくり上げた長い城壁を一晩のうちに破壊してしまう鮮やかな手並。連日敵の望楼構築妨害と、味方の報復、さらに中共軍の逆襲がくりかえされる。

中隊はついに望楼下の部落に待機することになる。時に米軍の沖縄攻撃開始を聞く。那覇出身の中隊長H中尉の顔がますます鋭く厳しくなってくる。（以下略）

### 高苑県では（一九四五年七月）

戦局が次第に悪化してくるにつれて、我々の警備地区にも共産軍の夏季攻勢がいよいよ活発になってきた。大隊本部のある山東省張店に兵力を結集して状況の悪い方面に討伐隊を出す。すると必ず兵力を抜いた地区は敵の攻撃を受けるようになってきた。H中隊の全滅、B分遣隊の玉砕と、七月に入ってからも悲報は相次いだ……。

四、五日前から異様な動きを示していた敵の軌跡が七月中旬、高苑県城の周辺に急速に集中しはじめ、高苑分遣隊攻撃が開始された。県城内の民家はすでに敵に陥ち、分遣隊は隊舎の望楼に集結して三日間にわたって手榴弾戦を続けている。この救出に向かった中隊本部も城内から六キロ地点で阻止され、一昼夜戦闘を続けているが、突破できていない。

敵の兵力約六千名。これに対して高苑分遣隊はわずか十四名。中隊本部百三十名。無電は一昨日の朝から「救援を乞う！」を打ち続けている。

張店に各中隊から最大限に引き抜いた兵力三百を集結できたのが十二時。直ちに討伐隊を編成し、地図と敵の軌跡をまとめて飛び出す。

本部討伐隊の情報班は〇伍長と中国服に大きなモーゼル拳銃をぶら下げた中国人通訳、密偵二名と私の計五名。トラックの荷台に乗車。ふり落されそうな凸凹道を猛烈なスピードで飛ばし、張店・高苑の中間、恒台県城に着いたのが十四時。すぐ偵察を出す。情報によれば味方の中国側軍警は全部、小清河のこちら側に追い出され、河の対岸には機関銃陣地が構築されて、橋も舟も全部焼却。分遣隊の安否は不明。ただ猛烈な鉄砲声を聞くとしか分からない。

夜襲と決まる。恒台出発二十時。まだ西は明るいのに、中国の澄みきった夏空には星が輝いている。

夜行軍。前を歩く兵隊の背のうにつけた鉄帽を見ながら歩く。私達歩兵にとって戦争とはほとんど歩くことだった。そして長い行軍の最後の段階にちょっぴり戦闘があるのだ。それからまた行軍だ。……雨の行軍。雪の行軍。砂の道。石の道。氷の道。明け方になって足元が見えるようになる頃には、寒さと空腹とで膝がポッキリ折れそうにもなった。

苦しい行軍について行けず、なぐられ、蹴られ、「殺してください」と頼んだ兵隊。ついに道端に座り込んで小銃で頭を打ちぬいた兵隊。山岳戦で苦しさの余り発狂した兵隊。このような兵隊のいた部隊だった。

## 張店で終戦の報

日本に対する不信感から、これまで協力していた各「皇協軍」の反乱が次々におこり、また中共軍の攪乱工作も日に日に活発となったので、日本軍は重要地点だけの確保を必死でやらなければならないような状況になってしまった。

これは勿論、日本が兵力を満州、朝鮮、日本本土、さらには南方へと転移したことによって警備力が急速に落ちたこともその原因だった。……しかし一個大隊、僅か七百の兵力で、山東省の相当面積、泰山山脈の険しい地域の確保が出来るはずはなく、従って結局、鉄道線路と都市県城を中心とした、いわゆる点と線の保持を主体とせざるを得なくなっていた。「点」の確保は守備兵力単位の増大、即ち今まで一個分隊、甚だしい場合には三、四名の分遣隊を改め、小隊単位以上に兵力を増すことによって、また「線」では大隊の装甲列車の常時移動と、遊撃する討伐中隊の東奔西走によってかろうじて保たれていた。

当時私は大隊本部の情報室に勤務させられていたが、情報関係はほとんど私とふたりの若い兵隊、それに中国人の通訳及び密偵が主となり、隊長の若いH見習士官、それにO曹長が上官として私の自由な動きを許してくれていた。

この頃の日記には次のようなことを書いている。

中共軍の活躍で、日本軍の情報機関はいよいよその活動を封ぜられてきた。……各中隊の諜報網は抑えられてしまい、各隊の密偵からは役にも立たぬ遅れた情報しか入らない。そして「八路」は神出鬼没の行動をする。今日私の出した密偵が悄然と帰ってきた。聞いてみると大隊本部のある、ここ張店の北門からわずか四キロの部落で中共軍の政治部員に逮捕されている。しかも尋問された後、日本軍の犬になって働くことの不心得を懇々とさとされ、帰って中共軍の取り扱いを東洋鬼（日本軍）に言って聞かせろ、と言われて釈放されたという。「上等兵殿、自分はどうしたら良いのか解らなくなってしまいました」と秘かに私にうち明ける彼も、帰順した重慶軍の将校だった男だ。

八月に入ると急に敵の軌跡が激しく動き始めた。中共軍の兵力が日に日に増大して、その根拠地に集中してきた。八月十日、日本軍全面降伏の情報が入る。電話でその真偽を確かめてきた第二中隊が怒鳴りつけられている。しかし敵の戦勝祝賀のニュースも入りだす。八月十五日、切れ切れの無線が終戦の詔勅を伝える。全員、それも討伐で引き抜かれた四、五十名の大隊本部の兵隊は「軍装」で整列し、これを聞く。二・二六事件のため、未だ大佐で止まっている老部隊長が泣いている。

感慨は何と「無」呆然自失である。ただ自分が今凄まじい瞬間にあることを知るだけで、何か考えをまとめなければと焦るが、何も出てこない。わずかに今まで戦いを続けてきた我々兵隊が中国の真中で「敵」に囲まれて大変な立場にあること、今度は我々がやられる番になったこと、戦後の恐ろしい混乱など、ドヴィンガーの『白と赤の間』『シベリア日記』の中の敗戦国の兵隊の悲惨さを思い浮かべ慄然としている。

作戦命令――「部隊は別命あるまで、現位置に於いて旧任務を続行すべし」そして、一応戦争は終わったが、自衛のための戦闘はやむを得ないと書いてある。「こりゃ何だ！　戦うのか戦わんのか訳が分からん」と言われながら、そのままの作命を各隊に流す。北支派遣軍は独力で戦争を継続するらしいといった情報も流れる。中央からの連絡困難の為、各部隊はその地にある最高指揮官の「区処」に入ることになり、我々の小さな大隊に航空隊の飛行機数機が所属されてくる。

済南の司令部との連絡も八月二十日頃から先ず電話が、そして暫く通じていた無線連絡も途絶する。鉄道は終戦直後から膠済線の青島方面はずたずたに切られ、済南までも数カ所爆破、破壊されている。我々の大隊七百、飛行隊の大隊百、それにこの地区の日本人居留民五千名が何処との連絡も絶たれ中国山東省の一隅に文字通り孤立してしまった。

### 激しくなった中共軍の動き

中共軍の動きが次第に激しくなってくる。土民軍を合わせて雪達磨のように太ってゆく敵の兵力は小さな分遣隊を次々に潰して日本軍の守備地区を前進してくる。最近千単位になって我々を驚かせた敵の兵力は、とうとう万単位になって、「軌跡」は大きく北からも南からも張店の方向に向かっている。

各中隊、各小隊からの連絡もますます困難となり、広饒の二中隊、博興の六中隊からの通信も遂に絶えてしまう。寿光、博山、八徒、益都、諸崖等の各隊は全部敵に包囲攻撃されている。入る情報、無電は全部、今迄日本軍があまり使ったことのない「救援を乞う!」だ。

大隊本部は派遣する兵力もなく、ただ呆然と敵の巨大な集団の行方を見守るのみである。

八月某日、作戦命令を書かされる。「各隊はその地にある日本人居留民を併せ、急遽張店に集結すべし」　各地は混乱の極に達する。掠奪、暴行が続いている。引き揚げ援護の為、装甲列車を最大限に移動させる。列車は兵隊と居留民を満載して、博山線を、また膠済線を気狂いのように走り続けている。鈴なりの列車に乗れない日本人の列が、女も子供も。

凌辱と放火と戦闘の連続。日本軍と中共軍、皇協軍と中共軍、雑軍と治安隊、警察隊と土匪、またそれらの内部同士の衝突が限りなく起きる。

老人もトラックで、馬で、徒歩で張店へと続いている。線路が夜中に爆破される。

張店周辺でも夜も昼も激しい銃・砲声が止まることもなく響き渡っている。そしてそれが何の戦闘かも解らない。広饒の第二中隊、博興の第六中隊からは何の連絡もない。軍用電話は切断され、無電で呼んでも応答しない。八月二十日過ぎに軍用鳩が飛んでくる。H見習士官と伝書鳩の赤い足から通信筒を外す。「第二中隊は敵約七千に包囲せられ戦闘中なり。A中尉自決す。張店に向け突破不可能。至急救援を乞う」

しかし救援の兵力も、連絡の方法もない。やむを得ず頼りにならない密偵を出す。「救援の情切なるも張店の情況之を許さず。貴隊は済南に向け強行突破されたし」

数日後、中隊百三十名がトラック三台で到着する。県城の城内まで全部敵に占領された中隊は兵舎を焼却、全員トラックに分乗。城門に対する集中砲火によって敵中を突破。城門を出て見渡す限りの敵を軽機、小銃を車の上から乱射して走り抜け、その間兵隊三名がトラック上で戦死している。軽機の銃口が焼けていた。

八月末、張店の北側で凄まじい鉄砲声が一晩中鳴り続ける。翌朝血と汗にまみれ、負傷者を背負い、三十名の戦死と行方不明を出した第六中隊が北門にたどりつく。軽機六を先頭に立て三列縦隊で敵中を突破、博興、張店間約七十キロの間、七回の激突を重ね、六日五晩かかって到着している。

真黒に汚れ切った兵隊達が疲れきって兵舎横の大地で泥のように眠りこけている。その中の軍服を着て手榴弾をつけた慰安所の女三名がおかしなことにひどく艶かしい。

九月に入って敵の先頭が張店の南北二キロの地点まで達する。鉄砲声と煙が一時間ごとに近づいてきて、ついに目の前にそびえる、ようやく完成したばかりの軽金属の巨大な工場が敵の砲撃を受けて炎々と燃え上がる。北の方、放棄した飛行場からは爆発の音が聞こえ、燃料が真黒い煙を空高く吹き上げている。山の稜線には敵影が延々と続き、我々の張店に向かって来る。情報による敵の兵力約六万人！

狭い張店の街は中共軍に追われた中央軍、雑軍、その他二万人が殺到して色んな軍服・便衣を着た軍隊が充満する。中央軍一万を街の周囲の低い土壁に配置し、各城門とトーチカは日本軍が重機・軽機に飛行機用の機関砲で確保する。雑軍一万は城外に追い出す。土壁には一メートルごとに制服の中央軍が蟻のように並び、土壁の外には飛行機からもってきた百キロ爆弾を地雷代わりに埋める。兵舎内の練兵場には重迫撃砲を四方に向けて並べる。居留民中日本人男性に小銃と手榴弾を渡す。婦女子は列車に乗せて済南に向け強行出発させるが、線路爆破の為僅か半日で引き返してくる。

夕方、北からの最初の襲撃がやってくる。手榴弾の一斉投擲に始まる中共軍の攻撃。雷のような爆発音がひとしきり続き、それからチェコ機関銃が方々から発射される。重火器はないらしい。味方の重機、中央軍のチェコや小銃が気狂いのように乾いた音を立てる。

二十二時、第二次攻撃が始まる。「頑張れ！　中央軍」監視哨の上から銃を握りしめて敵の襲撃を見守る。低い城壁の内外で北も南も、東も西も一斉にピカピカと無数の閃光。手榴弾の爆発の地響き。赤黒い花火。そしてチェコ（機関銃）がチカチカと明滅する。味方の機関銃が鳴り響く。営庭から迫撃砲を四方にぶっ放す。「ダアーン！　シュー ッ」と真暗い空に砲弾のうなりが消え、やがて爆発光。発射速度の早い飛行機用の旋回機銃が凄まじい音を立ててトーチカから撃ち出され、曳光弾が闇の中を妙にゆっくり飛んでゆく。城壁のない南側の駅構内から侵入した敵が兵舎の中にチェコを打ち込む。裏門歩哨が小銃を発射している。弾薬庫歩哨も撃ち出す。暗い空に「ヒューン、ブーン、シュー ッ」と弾丸が交差している音が聞こえる。張店は火と轟音に閉ざされている。

午前二時、第三次攻撃。午前五時、第四次攻撃、このような連夜の張店攻撃が一週間にわたって続けられる。兵隊の顔が髭と汗と油にまみれて光り、目が睡眠不足で充血してくる。銃を抱いて革帯に手榴弾を数発ぶら下げたまま僅かの暇をみては土間に眠る。
夜が明けたら望楼に上り眼鏡で眺めることも日課となる。夜の動乱も知らぬように部落からは朝の煙が棚引いている。霞のかかった楊柳と高粱畑。三千メートルも離れた山の上を豆粒のような敵影が毎朝襲撃を終わって引き上げてゆく。たった二つだけ残った馬尚、牙荘分遣隊の火がチカチカと薄く光って、まだ生きていてくれたことを示している。

珍しく夜襲のない夜が明ける。情報が大部隊の西進を伝える。そしてその日のうちに中共軍の大集団が張店攻撃を中止して、済南攻略に向かったことが解る。

×　×　×

十月中旬に召集解除

怒涛のように押し寄せた敵の大軍が一夜のうちに忽然と消え失せたあと、張店は急に鉄砲声の聞こえない異様な静けさにかえりました。それから暫くは不気味な平和の日々が続くことになります。
もちろん日本軍はまだ完全武装していましたし、町の周辺では時々散発的な戦闘もあり、質のよくない雑軍を包囲して武装解除したこともありました。しかし師団、旅団等の上層部から何の連絡もなく、情報も手に入らず、敗戦日本の軍隊がどうなるのか見当もつきません。復員帰国などは思いもよらないままに、私共兵隊は不安と焦燥の毎日を過ごしていました。

この休戦状態が続いた昭和二十年十月中旬、私共は突然召集を解除されることになりました。こんな状態だったのであまり感激もなく、嬉しくもない軍隊との別れでした。除隊の申告のあと愛用の三八式歩兵銃を返納したときは大変淋しかったことを思い出します。手榴弾二発だけは黙って頂戴し腰にぶら下げました。この時、幹部候補生を志願しなかった私も兵隊の中では偉い古参の上等兵殿になっていました。

召集解除された仲間数人ととりあえず北京まで行こうということになりましたが、張店・済南間の鉄道は不通でしたし、済南周辺は激戦中との噂もあり状況は極めて険悪でした。幸い除隊した仲間は、割合年をとって戦争に慣れた、ひげ面の下士官、兵ばかりです。済南まで自動車で飛ばそうということになり、誰か要領のよいのが日本軍に遺棄されたトラックを見付け、故障した部品やガソリンも他の車から失敬して動けるようにしました。しかし一台では襲撃されますので、丁度青島から済南方面へ移動中の武装した日本軍のトラック隊の最後尾にくっついて張店・済南間百数十キロを突破できました。その間、数発の銃声を聞いた程度でした。

やっと済南の町に入ってトラックを棄てたとたんに群衆から石が飛んできます。この日済南の日本軍は全面降伏して武装解除されたところだったそうです。急いで駅に行くと、屋根まで人間が乗った鈴なりの列車が北京行きと分かり、扉から日本軍の機関銃がねらっている郵便車に強引に乗り込みました。数時間後に動き出した汽車はまた泊頭でストップ。降りてみますと銃声が聞こえ、砲弾がカラカラと空高く飛んでいます。まだ武装している日本軍の兵営に行き、何の戦争だと聞くと「中共軍と中央軍がやっているのではないでしょうか」私共は階級章を外していましたが、偉そうに見えたのか若い上等兵が飛んで行って夕食を出してくれました。

いつ出るか分からぬ列車内で一泊、翌日の昼、ようやく動き出して天津着、ここで下車しようとしたら、今、日本人街が襲撃されて、軍服では危ないといわれ再び乗車、懐かしい北京站（駅）にたどりつきました。ホームで突き刺すような中国人の険しい視線の中をくぐり抜け、会社の寮に転げこんだのは夜中になっていました。ここで軍服を脱ぎ棄て、皆が供出してくれた洋服に着替えやっと軍人から民間人にかえることができた訳です。

その後一応会社に復帰しましたが、中国に直接反抗したということで元軍人の私は最初に解雇され、それからは抑留生活。昭和二十一年五月、友人の家族の一員にしてもらって熊本へ帰りつくことが出来ました。

◇　◇　◇

いろりのはたに縄なう父は　過ぎにしいくさのいさおし語る
い並ぶ子供は眠さ忘れて　耳を傾けこぶしを握る
いろり火はとうろとうろ　外はふぶき

「冬の夜」より

子供の頃聞いて歌ったことのある、この小学唱歌の歌詞とメロディが、兵隊時代には何時も奇妙に耳について聞こえていました。雪の夜、昔の日清日露戦役に従軍し凱旋してきた退役軍人の父親が、囲炉裏の火にあたりながら、自分が経験した戦争の手柄話を子供たちに聞かせている、そんな情景が不思議に頭に浮かんで来たものでした。

私達も平和な故郷にいつの日か無事帰還して、暖かい部屋で家族たちに囲まれて、兵隊時代の昔話をしている自分の姿を想像していたのでしょう。しかしそれは夢でした。明治時代のように凱旋した兵士たちを温かく迎えたような雰囲気などはとても考えられないようになっていました。とりわけ、故国から遥かに離れた戦地で、突然に召集解除された私たちは、憎しみに満ちた敵国人たちの恐ろしい視線の中、軍人だったことも隠して、息を潜めて生きていかなければなりませんでした。軍隊手帳や軍服も急いで焼き捨て、カーキ色の衣類も染め替え、軍用品は全部穴を掘って埋めてしまいました。

戦地から苦労して、生きて漸く帰りついた故国でも、日本が「悪い戦争」をしたとして、従軍した私達元軍人を見る目は、まことに厳しく冷たいものでした。戦場に屍をさらした多くの戦友たちの死も、我々の流した汗と血も総ては無駄で空虚なものの様にも思われました。戦争のことを喋ることすら「タブー」でした。こうして私の軍隊生活は終わりました。

戦争とは私にとって一体何だったでしょうか?

世界に「国」という単位が存在する限り、国家間の戦争は存在するようです。国のエゴイズムは常に衝突し合うように出来ています。民族とか宗教等の集団間の争いも同じことが言えるでしょう。

最も叡理であると己惚れている我々人類は，どうしてこの様な愚かな行為を懲りる事もなく何時まで繰り返すのでしょうか。人間の歴史は残念ながら戦争の歴史なのです。

戦争では人にとって最大の罪悪である「人を殺す」という大罪も許されます。免責され、そのうえ称賛されるのです。戦争では殺人が任務であり、仕事なのです。

さらに我々のように、第一線で戦った最前線の兵隊にとって、戦場では「敵は殺さなければ殺される」という、極めて単純で明快な論理と倫理しか存在しませんでした。敵を殺すことは当然の正当な行為と思い込み、射殺、刺殺等の人を殺すテクニックを怒鳴られ殴られながら永い時間、汗を流して習練してきました。敵もまた私を殺すことが自分の愛国的な行為で、義務だと信じていた筈です。

戦争はまさしく人を狂気にさせます。戦場では人間は気が違ってしまいます。このような戦争に「善いもの」「悪いもの」がある筈があり得ません。戦争は常にすべて「悪」なのです。

戦争と戦闘体験者が少なくなってしまいました。私に与えられた「貴重な体験と宿命」だったと信じて、こんな事を書き残すのも何か意義のある事だと思いたいものです。

（記、二〇〇〇年）

# 参考文献・資料（順不同、敬称略）


熊本県立美術館『寒巌派の歴史と美術』一九八六年
中央公論社『日本の歴史・8巻〜21巻』一九六五〜一九六六年
熊本県飽託郡川尻町『肥後川尻町史』一九三五年
熊本市『新熊本市史　通史編第2巻』一九九八年
小山正『天明村誌』一九六一年
大慈禅寺案内パンフレット『曹洞宗大梁山大慈禅寺』（発行日不記載）
七宮涬三『下野小山結城一族』二〇〇五年、新人物往来社
唐澤富太郎『教科書の歴史』一九五六年、創文社
熊本市教育委員会『肥後文教と其城府の教育』一九五六年
熊本県議会『熊本県議会史　第4巻』一九七一年

熊本県教育委員会『熊本県教育史』一九三一年
小山令之『小学校教師之権利義務』一九一一年、東京・巖松堂書店
文部省『目で見る教育一〇〇年のあゆみ』一九七二年
山住正己『教育勅語』一九八〇年、朝日新聞社
熊本日日新聞情報文化センター編『飽田町よ永遠に』一九九一年
松村介石『阿伯拉罕倫古龍（アブラハム・リンコルン）』一九一三年、警醒社書店
内ケ崎作三郎『リンコルン』一九一九年、実業之日本
川俣重晴編『熊本県大観』一九三五年、雑誌「警醒」社
本田不二郎『教育熊本の伝統』一九八五年、熊本壺渓塾
教師養成研究会『近代教育史』一九六二年、学芸図書
飽託郡私立教育会『熊本市飽託郡誌』一九七四年
軍事史学会『軍事史研究第三巻第一号』一九三八年
角田房子『閔妃暗殺―朝鮮王朝末期の国母』一九九三年、新潮社
金熙明『興宣大院君と閔妃』一九六七年、洋々社
李方子『流れのままに』一九八四年、啓佑社
李方子『歳月よ王朝よ』一九八七年、三省堂
産経新聞社「別冊正論23」二〇一五年

吉田千之『龍南人物展望』一九三七年、九州新聞出版部
勇知之『友房の夢　濟々黌・熊中物語』二〇一七年、書肆月耿社
郡田弘『熊中熊高江原人脈』一九七二年、西日本新聞社
編集復刻版中西直樹編『雑誌「国教」と九州真宗』二〇一六年、不二出版
熊本大学ＹＭＣＡ花陵会『五高・熊大キリスト者の青春』一九六七年
第五高等学校雑誌部『龍南会雑誌』各号一九〇〇―一九二一年
東京帝国大学『東京帝国大学五十年史』一九三二年
東京大学出版会『東京大学百年史』一九八五年
立花隆『天皇と東大』二〇一二年、文芸春秋社
田中惣五郎『吉野作造』一九五八年、未来社
自由国民社篇『読める年表・明治大正編』一九八一年、『同昭和編』一九八二年
大里浩秋『宗方小太郎日記、明治45～大正２年』２０１５年、神奈川大学人文学研究所
小山善一郎作成リスト『近現代日本を駆け抜けた有斐群像』二〇〇八年
高田恵統『肥後政友会史』一九三六年、肥後政友会史刊行会
安達謙蔵『安達謙蔵自叙伝』一九六〇年、新樹社
旧制高等学校資料保存会『旧制高等学校全書第８巻』一九八五年
熊本県弁護士会会誌編纂委員会『熊本県弁護士会史』一九八六年

陪審制度を復活する会『陪審制の復興　市民による刑事裁判』一九九二年、ぎょうせい
新潟陪審友の会『陪審裁判　試案解説資料解説資料』一九九〇年
法律新聞社『法律新聞３１３３号』一九三〇年六月二十三日発行
倉岡良友『白小野の歴史と信仰風土記（資料）』山都町立図書館所蔵
田上彰『山都町郷土史よもやま咄』二〇二三年、山都町郷土史伝承会
東洋語学専門学校『熊本海外協会史』一九四三年
佐々博雄『移民会社と地方政党』一九八二年、国士舘大学文学部人文学会
熊本近代史研究会『近代熊本28』二〇〇三年
講談社編『20世紀全記録』一九八七年
熊本日日新聞社編集局編『熊本昭和史年表』一九七六年
熊本日日新聞社『新・熊本の歴史6』一九八〇年、『同8』一九八一年
南良平『熊本の政争のはなし』二〇〇一年
丸山眞男『現代政治の思想と行動　上巻』一九五六年、未来社
日満法曹協会『創立記念誌』一九三五年
日満法曹協会『第三回総会記念誌』一九三七年
満州帝国政府編『満州建国十年史』一九六九年、原書房
満州史研究会編『日本帝国主義下の満州』一九七二年、御茶の水書房

喜多由浩『満州文化物語』二〇一七年、集広舎
佐伯満一『満州・奉天四十年』二〇〇七年、講談社出版サービスセンター
川島真・岩谷將編『日中戦争研究の現在』二〇二二年、東京大学出版会
『「満洲国」とは何だったのか―日中共同研究』二〇〇八年、小学館
福尾猛市郎監修『日本史史料集成』一九七二年、第一学習社
歴史群像シリーズ『満州帝国』二〇〇六年、学習研究社
毎日新聞社『一億人の昭和史』一九七五年
小山岑雄手記『我が中国の青春』（ワープロ資料）
小山岑雄『美へのいざない』一九八五年、熊本日日新聞社情報文化センター
島田俊彦『関東軍』二〇〇五年、講談社
太平洋戦争研究会『日本陸軍がよくわかる事典』二〇〇二年、ＰＨＰ研究所
第五高等学校同窓会『会員名簿』一九五七年
高森良人編『五高七十年史』一九五七年、五高同窓会
熊本公徳会『振武館開館八十周年記念誌』二〇一三年
九州日日新聞、九州日報（文中に日付記載）

# あとがきに代えて　友人の手紙に思う

祖父の記録の出版に迷っていた私の背中を押してくれたのは、友人の伊藤章治氏（元東京新聞文化部長）である。しかし執筆するにあたって「一つだけ危惧があるよ」と述べていた。「これは私だけかもしれないが、年をとってくると、思想を変えたり、右傾化していった人物の気持ちが分かるようになる。この「わかる」が文章というか、記述を続けていくうえで、実に厄介なことだと思う」というのである。祖父の立場が理解できる、そんな身内側に立って、時代を都合よく見るようなことがあってはならないと釘を刺してくれたのである。彼は、戦後、苦労の末、中国大陸から博多港に引き揚げた経歴の持ち主である。

初校ゲラが出来上がる。さっそく、彼に読んでもらった。できれば彼に序文をお願いできないかと思っていたところ、次のような手紙が届いた。本人の了解を得て一部を紹介する。

――私なら冒頭にプロローグか何かの形で「祖父、令之への手紙」を置くと思います。そこにこう書きます。令之おじいさん、私はふとしたことからあなたの業績を知り、あなたの一代記を書くことにしました。「原野所有裁判（白小野地区訴訟の件）」は、弁護士としてのあなたの金字塔だと思いますが、残念ながら、満州に渡って以降、あなたが時代の曲がり角でどう悩み、呻吟したかが、十分に読み取れないのです。人は「彼もまた、時代に流された」というかも知れません。それは当たっているともいえるし、違うともいえます。この時代、国民すべてが流されました。それを正面から批判する資格を持つのは『獄中〇〇年』の日本共産党の指導者だけでしょう。このたび、五味川純平の『人間の条件』を読み返し、こんな個所に出会いました。満州の鉱山の労務の相棒・沖島が主人公の梶にこう言います。「我々は、戦争というバカでかい機械の歯車の一つだ。あんまり力み返っているとネジが切れる。君は切れたっていい、というだろう。しかし、もう少しましなところで擦り切れたらどうだ」

リンカーンの生き方に感銘を受け、大正デモクラシーの飛沫を浴びて思想形成したあなたにも「ここが擦り切れの時かどうか」と悩んだことがあるのでは、と勝手に想像したりします。しかし、あなたは多くを語っていない。そこが私の「最大の不満」です。それを語っていてくれたら、後世の我々にとって、歴史の貴重な材料になった、と考えるからです――

伊藤氏の読後感は、私の心に響いた。なかでも「あなたは多くを語っていない」と指摘する彼の主張は、全く、その通りである。正直なところ、取材をすればするほど、令之の背中が、遠くなっていくように思えた。

「日本共産党云々」については、知識を持ち合わせず、なんとも言及できないが、五味川純平のくだりを読むと、改めて、人間にとって、何が勇気なのかを考えさせられてしまう。浅学非才の私には、伊藤氏の期待に応えるほどの中身にはなっていないとは思うが、日本が戦争の泥沼に突入していく時代を生きたありのままの令之を追いかけたつもりではある。

わが家に「思無邪」と墨書された木皿がある。亡父が旧制五高教師時代に溝淵進馬校長から結婚祝いにいただいたものである。論語の為政篇にある「子曰わく、詩三百、一言以って之を蔽えば、曰わく、思い邪《よこしま》無し」の一節であるが、私は、木皿を目にするたびに、恩師との出会いから教育者の道へ進んだ父の思い出とかぶさって、写真でしか会ったことのない、記録の人、令之のことが頭に浮かんでくる。

溝淵校長は、令之が国会議員を務めていた当時の首相、浜口雄幸（立憲民政党総裁）の親友である。そんな縁もあって木皿と令之がつながるのだが、私は、そうしたことよりも、むしろ、祖父の背中に「思無邪」の言葉を重ね合わせていた。令之は、政治活動や弁護士稼業の合間を縫って、しばしば、熊本城下を流れている坪井川に出かけ、ひとりで投網をしていた。少年時代には、故郷の海路口の海で友達と遊んだこともあったのだろう。亡父も、無心に投網をしている令之の姿が目に焼き付いているのか、坪井川のそばを通ると、令之の思い出を懐かしそうに話してくれた。

こんなことを書くと、祖父と「思無邪」の木皿に、何の関係もないだろうと叱られそうだが、事実、何のつながりもない。しかし、木皿を眺めていると、いつの間にか、祖父の背中が瞼に浮かんでくることも事実である。

本著は、伊藤氏を始め、多くの人たちの協力を得ながら、ともかく、書き上げることができた。取材を重ねるにつれ、何にも知らなかった祖父といつの間にか、対話しているような気分にもなったことがあるが、伊藤氏がいみじくも触れているように、私と令之の間はなかなか狭まってはいない。

執筆中のある日、テレビから二〇〇一年九月一一日に米国で発生した「同時多発テロ」の追悼式のニュースが流れていた。同時多発テロの発生は、筆者が妻と共にシルクロードを旅した最後の夜、西安のホテルでテレビのスイッチを入れて知った。旅客機が世界貿易センターに突入した場面を見て「これは映画ではないぞ」―そんな声を上げた、あの時の衝撃がよみがえってきた。あれから二十二年、アフガニスタン戦争、イラク戦争、そして、今はウクライナ戦争、イスラム組織ハマスとイスラエルの戦闘の真っただ中。米国の科学誌「原子力科学者会報」の表紙で注目されるようになった世界終末時計は、二〇二三年一月、人類の終末を告げる午前〇時までの残り時間が前年に比べて十秒縮まり、残り九十秒になった、と伝えている。核兵器使用の危機が高まり、気候変動や新型コロナなどの生物学的な脅威なども重なって、残り時間が短くなってしまった。地球号に乗り合わせた我々人類は、このまま、世界の破局に向かって突き進んでいくことになるのだろうか。ここで「面舵一杯」と大きな声を上げ、非戦の道へ舵を切らなければならない。

最後になって恐縮だが、取材のさなか、貴重な文献やアドバイスをいただいた平山謙二郎氏

（元熊本日日新聞社常務取締役編集担当）小山善一郎氏（元共同通信社論説委員）には、心からお礼を申し上げたい。二人は私が通った熊本県立濟々黌高等学校の同窓であり、新聞記者の大先輩でもある。小学校時代からの友人のお世話で、酒食を共にしながら、二人から伺った熊本の歴史や政治・教育の話は、何物にも代えがたい私の財産になっている。多忙の中、取材に協力をしていただいた福岡県立図書館、熊本大学五高記念館、熊本県立図書館、熊本県山都町図書館、山都町郷土史家田上彰氏、熊本市奥古閑町の学校関係、支所の皆様にはお世話になりました。資料等を提供いただいた小山倭文子、紀之、山崎隆、伊藤ゆう子の各氏に御礼申し上げます。そして編集者の松永裕衣子氏、懇切に校正の労をとっていただいた柳辰哉氏（ともに論創社）の御指導、ご助言に心から感謝申し上げます。

**小山　紘**（おやま・ひろし）
1941年生まれ、熊本市出身、熊本県立濟々黌高等学校、早稲田大学第一政治経済学部卒、西日本新聞社編集局入社、新聞三社連合（中日新聞、北海道新聞、西日本新聞）編集部長、西日本新聞社論説委員、事業局長、西日本天神文化サークル常務理事兼事務局長（現在は西日本 TNC 文化サークル）等を務めた。西日本新聞社社友。五高記念館友の会会員。著書に『さらば我友叫ばずや―旧制高校史発掘』『波濤とともに―五高の外国人教師たち』（論創社刊）『五高その世界―旧制高校史発掘』（西日本新聞社刊）のほか、編集協力著書として『わが失われし日本―五高最後の米国人教師』（ロバート・クラウダー著、葦書房刊）がある。

「無策大道」を往く――熊本県人・小山令之の日本

2023年12月20日　初版第1刷印刷
2023年12月25日　初版第1刷発行

著　者　小山　紘

発行者　森下　紀夫

発行所　論 創 社
〒101-0051 東京都千代田区神田神保町 2-23　北井ビル
tel. 03（3264）5254　fax. 03（3264）5232
https://www.ronso.co.jp　振替口座　00160-1-155266

装　幀　奥定泰之
組　版　フレックスアート
印刷・製本　中央精版印刷
ISBN978-4-8460-2294-5　